自転車が街を変える

秋山岳志
Akiyama Takeshi

a pilot of wisdom

目次

序章　「自転車ブーム」の光と影

日本における自転車ブームは、ここ数年、目を見張るものがある。

自転車が流行した時代、時期はこれまでも何度かあった。しかし、今日の自転車利用者の増加には、短期的な「ブーム」ではない、芯《しん》の強さを感じる。

自宅から最寄りの駅まで自転車を利用するサラリーマン、通学で自転車を使う学生、商店街やスーパーマーケットなどへ買い物に出かける主婦や主夫、そして保育園まで子供を送迎する親……といった従来型のユーザーが増えたわけではない。

鉄道やバスを使って職場へ通っていた人が自転車に乗り換える「ツーキニスト」(自転車通勤者)、ダイエットなど健康維持の目的で川沿いのサイクリングロードを走る中高年、そして休日のドライブデートを自転車に切り替えた若いカップル。これまで自転車に縁のなかった人、もしくは近くのパチンコ店に行くときくらいしか乗らなかったような人が、より高い頻度で、かつ長い距離を自転車で移動するようになったのだ。

ブームの四つの背景

その原因、理由については、憶測から始まってデータ的な分析まで、各方面で語られている。マスメディアでは「エコ」、すなわち環境保護の視点から自転車に乗り始めたという論調が目立つが、エコそのものがファッション化している現在、個人レベルの二酸化炭素排出量削減というよりも、環境に対する配慮をライフスタイルの中に垣間見《かいま》させることが格好よく、スマートだという時代の流れが、昨今の自転車ブームを後押ししているものと思われる。

また、「メタボリック・シンドローム」に代表される肥満、それが引き起こす糖尿病や高血圧症などの生活習慣病対策として、自転車はきわめて有力なツールであると期待されている。年齢を重ねても健康な状態を維持し、また肥満を抑制するには、食生活の改善と日常的な運動が不可欠だ。ところが、特に「会社人間」を貫き通してきた中年以上の男性は、日頃から運動する習慣がない。かといって、自宅やジムで継続的なトレーニングを必要とするものに手を出すのは億劫《おっくう》だし、途中で挫折《ざせつ》しがちだ。ところが自転車であれば、目的地まで移動するだけでとりあえず有酸素運動になる。

駅まで片道一〇分ほどの道のりでは効果はほとんどないから、この際本格的に、と妻には黙って高価なロードバイクを入手してしまうのも中高年男性に多くみられる傾向だ。真新しいヨーロッパ・ブランドの自転車を手に入れた彼らは、東京なら多摩川、荒川沿いのサイクリングロードにまず向かう。頭のヘルメットに始まり、派手な広告がちりばめられたサイクル・ジャージに身を包み、お尻の穴まで透けそうなピチピチの「レーパン」ことレーシング・パンツをはいたサイクリストたちが目尻の釣り上がったサングラスを外すと、そのお顔には意外にも深い年輪が何本も刻まれていたりする。

さらに、不安定なガソリン価格、長引くデフレで給与は頭打ち、といった厳しい経済環境の影響で、特に若年層にクルマを持たない人が増えている。大学に入ったらまず運転免許（誕生日が早い者は、高校時代に取得していた）、中古でもレンタカーでも親のものでもいいから、無理してもクルマを用意しないと女の子を誘えない。ドライブに誘うことに成功したら、カーステレオでユーミンなどをかけて〝中央フリーウェイ〟を走る、といったお決まりのパターンが私の若かりし頃にはあったが、最近は免許さえ取らない、取る気さえない若者が珍しくない。実際、生徒の減少を理由に閉鎖、倒産した自動車教習所もある。

そんな彼らが、クルマに代わる移動手段として自転車を選んでいる。もちろん、ドライブのような遠出はできない。だが彼らにとっては、自転車で行ける範囲の公園や街中のカフェなどに乗りつけられればそれで十分なのだ。デートだからといって頑張りすぎない、カジュアルなスタイルで仲よくゆっくり走るカップルを休日に見かけるようになったのもここ数年のことだろう。スカートにスパッツを重ね着するなど、自転車を漕《こ》ぐときも楽で、かつ街でも浮かないコーディネートが定着してきたのも、「女子」に自転車が受け入れられていった一因かもしれない。

こういった時流を一気に加速させたのが、二〇一一年三月一一日の東日本大震災である。東京および関東の大都市では、公共交通機関が軒並みストップ。帰りの足を奪われた「帰宅難民」たちは、駅のコンコースに呆然《ぼうぜん》と座り込んだ。東京都内では道路に大きな影響がなかったため、唯一動いていたバスに人々が集中。が、そのバスも大渋滞に巻き込まれる。自家用車やタクシーで帰宅しようとする人が道路に殺到したためだ。

バスターミナルの黒山の人だかりに尻込みした人たちは、自宅までの長い道のりを歩き始める。まるで民族大移動のような光景が、都内のおもな幹線道路で展開されていた。その間を通り抜けていったのが自転車だった。自転車で職場へ通っていた人は、当然のことながら、自宅までの道順を周知している。書店では『災害時帰宅マップ』のような地図が震災前から売り上げを伸ばしていたようだが、自転車通勤者は地図なしでも簡単に自宅にたどり着けたはずだ。

一方、徒歩での帰宅を余儀なくされた人は、途中にある自転車店やホームセンターに殺到し、手当たり次第に自転車を買い漁《あさ》ったという。ポケットの財布に入っているだけのお金、せいぜい一万円程度でポンと買えてしまうほど自転車が安く売られているのは日本くらいだともいわれているが、あの非常時になんとか自転車を入手して帰宅できた人は、その威力を再認識したに違いない。

エコロジー、健康、経済のスローダウンによる価値観の変化、そして災害。昨今の自転車ブームは、これらが複合的に作用することで隆盛していると推測される。

歩道走行のリスクと「車道走行通達」

財団法人自転車産業振興協会が発表している「自転車生産動態・輸出入統計」によれば、国内における自転車の生産量は年間一〇〇万台がここ数年続き、横ばい状態。それに比べて輸入は、二〇一〇年度の八四〇万台が二〇一一年には九四五万台と、一〇〇万台以上増加している。ほかの消費財と同様、たとえ日本や欧米の伝統ブランドの名前が付いた自転車も生産や組み立ては中国などのアジア諸国で行われていることが多いのだが、いずれにしろ、輸入車の増加がブームを後押ししていることを裏付けている。

また、一般社団法人自転車協会が二〇〇九年に実施したアンケートでは、二〇～四〇代の自転車通勤者男女六〇〇人のうち、約二五パーセントが「最近一年以内に自転車通勤を始めた」と回答している。

ユーザーの増加につれて、さまざまな問題点も浮き彫りになっている。とりわけ安全性については、自転車が被害者になるケースのみならず、加害者として批判の矛先が向けられている。

特に二〇一〇年頃から「自転車が走るべきは、車道か？　それとも歩道か？」という議論がヒートアップしている。道路交通法上「軽車両」に分類される自転車は、車道上を走らなければならない（ちなみに「軽車両」とは、自転車のほかに、リヤカー、大八車、馬車などの非動力の車両が含まれるが、これらがほとんど姿を消した昨今の日本では、「軽車両」＝「自転車」と言い切っても間違いではない）。法的な回答はこれだけなのだが、何十年にもわたって歩道を走行することが行政（警察）から容認され、社会から受容されていた日本では、今さら車道走行に戻れと言われても誰もピンと来ない、というのが正直なところだろう。

歩道上を走ることが「黙認」され続けている自転車だが、仮に歩行者に接触したり衝突したりすると、自転車側が一〇〇パーセント「悪い」とみなされる。これは二〇一〇年に東京、横浜、名古屋、大阪の四地方裁判所の裁判官が法律専門誌上で行った討論から採用された基準で、歩道上における自転車対歩行者の事故においては、歩行者の過失相殺は「ゼロ」と謳《うた》われたのだ。

交通事故の民事裁判では、その状況によって加害者と被害者の過失割合が当てはめられる。たとえば信号無視で横断歩道を渡ってきた歩行者をクルマがはねてしまった場合、歩行者のほうに非があると認定されて、歩行者七〇対クルマ三〇という過失相殺になり、たとえクルマ側が損害賠償を請求されても、その三〇パーセントしか支払わなくてよい。それがゼロということは、自転車側が一〇〇パーセントの賠償義務を負うということになる。細かい状況で割合は変わるだろうが、スタートラインがゼロというのは、自転車には相当厳しい。どうしても歩道を走りたいのであれば、事故の際にはそれだけの賠償責任を覚悟することである。

賠償金額も、天井知らずに高額化している。自転車が歩行者を死亡させたり重い後遺障害を負わせたりした事故では、五〇〇〇万円以上の賠償が命じられたこともある。加害者は成年とは限らず、小学生さえ含まれている。彼らには当然、支払い能力はないから、実際には親がその義務を負うことになるが、専門家によると、このような高額賠償判決の裏には、社会的制裁を科すべしという風潮があるということだ。

一方、自転車が被害者になるケースも、実は歩道走行に「起因」しているものが目立つ。もっとも危険なのは、歩道から交差点に進入しようとした自転車と、右左折するクルマとの衝突だ。歩行者や自転車の横断を優先せねばならないのが法律ではあるが、歩行者よりはるかに速いスピードの自転車を、ドライバーは視認し切れない。

交通事故分析の専門家である吉田伸一氏の調査によれば、特に信号のない交差点において、歩道から交差点に進入してきた自転車と左折車との衝突事故の頻度が高くなっている。自転車の側から言わせれば「突然」のつもりはまったくない。しかし歩道から交差点に出てくるのは歩行者だ、という認識のドライバーからすれば、自転車のスピードは「突然」

以外の何物でもないのだ。

それでは車道走行なら安全なのか？　というと、必ずしもそうではない。

高度成長期、クルマの増加とともに交通事故も右肩上がりに増え、それは「交通戦争」とまで呼ばれた。この時代は「クルマ」「歩行者」という二者だけが想定され、両者を引き離すことで事故数を減らす政策がとられた。歩行者が歩道から出られないよう設置されたガードレール、階段の昇り降りを強いる歩道橋などが日本に非常に多いのはこのためである。

一方、クルマ専用にデザインされた車道は、長方形の鉄の物体が時速四〇キロ以上で走るには便利だが、その他の規格はまったく考慮されていない。融通の利かないハードウェアの中に放り込まれた自転車は、歩道と車道の間を行ったり来たり、という状況が長年続いている。

二〇一一年一〇月二五日、警察庁は「良好な自転車交通秩序の実現のための総合対策の推進について」と題する通達を発表。A４で五ページにわたるこの通達は、ウェブサイト、新聞、テレビなどさまざまなメディアで取り上げられ、自転車愛好家にとどまらず、一般の利用者も巻き込んで侃々諤々《かんかんがくがく》の議論に発展した。

通達のおもなポイントは、黙認されてきた歩道上の自転車通行を原則禁止し、車道通行を徹底させる、というもの。同時に、自転車道や自転車レーンなどの整備を進め、歩行者およびクルマから自転車を分離する対策をとる、とした。さらに今後は、違反自転車への取り締まりも強化し、教育現場や地域などにおいて自転車の乗り方やルールを周知させるよう努めるとしている。

だが、車道走行を口酸っぱく唱えたところで、安全な走行空間がない車道に自転車が素直に下りてくるわけはない。具体的には、後述する「自転車道」や「自転車レーン」のように、走行空間の確保が課題となっている。

中央政府の警察庁が動くまで待っていられない、と、全国津々浦々で自治体や市民による自転車空間整備事業も始まっている。道路の総延長からみればまだまだ微々たるものではあるが、着実にその動きは広がっている。

自転車政策で参考にすべきはイギリスである

急増する自転車に追いつかないインフラ整備。ブレイクスルー的な解決を模索する上で参考になるのが、自転車政策では日本のかなり先を行くヨーロッパ、中でもイギリスの事例ではないだろうか。

まず地理的なプロファイルを日本と比較すると、イギリスの面積は本州とほぼ同じ（海外植民地を除く）、しかも島国どうし。そしてクルマが左側通行という共通点は、明治期に日本がイギリスの制度を採用したためであるが、鉄道、地下鉄など、日本が追随したイギリス式の交通システムや体系はほかにもいくつもある。首都ロンドンの人口は約七七五万人（二〇〇九年）で、東京の人口約一三〇〇万人と比べると半分程度であるが、面積はそれぞれ一五八〇万平方キロメートル、二一〇〇万平方キロメートル。東京にはおよばないものの、ロンドンの人口密度が相当高いことが理解できるだろう。

ヨーロッパの中でも先進的な自転車環境を作り上げたオランダやドイツはどうか。

オランダは、環境問題が世界的に叫ばれる前から自転車が普及しており、旅行ガイドなどで「自転車の台数が人口より多い」と紹介されるほどの自転車大国。自転車レーンを群れのように走るサイクリストの姿は、テレビや雑誌でたびたび取り上げられている。ただし、首都アムステルダムでさえ人口はわずか約七七万人、面積は東京の五分の一にも満たない二〇七・五平方キロメートルにすぎず、しかも干拓地で起伏がほとんどないとくればクルマで移動するより自転車のほうが便利、という感覚が自然発生的に芽生えてくるのも当然といえる。

ドイツは、国土面積、人口、そして経済力など、どの尺度をもってしても「ヨーロッパ最大級」の国であることは論を俟《ま》たない。しかし、地方都市が強い権限を持ち、国家はその集合体でしかないという「領邦国家」の伝統もあり、現在も連邦制をとるドイツの各都市のサイズは、それほど大きくない。首都ベルリンでさえ、その人口は三三九万人程度。これでもドイツで一番多く、続いてハンブルクの一七一万人、ミュンヘンの一二〇万人などとなっている。日本からの直行便が到着するフランクフルトに至っては、わずか七〇万人。「自転車都市」としてたびたび紹介されるミュンスターは約三〇万人、ハノーバーは五二万人、フライブルクは二二万人にすぎない。

さらに近年、「世界で一番自転車にやさしい都市」として注目されているデンマークの首都コペンハーゲンも人口は五三万人ほどで、アムステルダムに準ずる規模でしかない。

オランダにしろ、ドイツにしろ、デンマークにしろ、自転車環境整備の先進都市といわれている所は、概《おおむ》ね人口一〇〇万人以下が多いようだ。人口規模と町の面積は必ずしも比例しないし、小さな町でも自転車に対する配慮がまったくない所もあるだろうから、これら自転車先進都市が誕生したいきさつには、人口や面積以外のモチベーションが介在していることも確かだ。とはいえ、町全体のハードとソフトを自転車志向に変えようと思えば、大都市より中小都市のほうが実施しやすい。コンパクトな町の規模が、自転車政策に対して大きなアドバンテージを持っていることは間違いなさそうだ。

それらと比較すると、イギリスは人口規模も大きく、とりわけ首都ロンドンはヨーロッパ最大の人口を抱える大都市である。その自転車政策は、かなり遅れてスタートし、国レベルの政策である「国家自転車戦略」の発表こそ一九九六年と早かったものの、目に見える環境整備が実施されたのはつい最近である。

二〇〇三年、ロンドンは中心部に乗り入れるクルマに対して課金する「渋滞税」を導入。

続いて、中心部に向かって自転車レーン「サイクル・スーパーハイウェイ（CS）」を設置し始めた。都心の交通混雑という東京と共通の問題を抱えながら、自転車の優先度をいきなり最上位に引き上げるという快挙をやってのけたのだ。

一方、全国レベルでは「ナショナル・サイクル・ネットワーク（NCN）」という自転車道が整備されている。その名の通り、間に町や村をはさみながら都市と都市とを結ぶ「自転車国道」がイギリス全土に張り巡らされている。さらに地方都市においても、自転車道や自転車レーンが次々設置され、それらを財政的にサポートする仕組みもでき上がっている。

イギリスの自転車政策を見て考えさせられるのは、どんな困難に直面しても、自転車を優遇するインフラと制度を作っていくのだ、という強固な意思である。道路の狭さという空間的な制約、ドライバーや商店主からの反発、そういったものはイギリスでも日本でも多かれ少なかれ存在するわけだが、あくまでひるまずに突き進んできたところに、現在の両国間の格差が生まれたのではないか。

文豪・夏目漱石《そうせき》の留学時代におけるロンドンの世相を描いた清水一嘉《かずよし》氏によれば、一九世紀後半に巻き起こったイギリスの自転車ブームは「社会的恩恵」であり、「社会的革命」でもあるという。それから一〇〇年を経た今、イギリスは新たな自転車革命の真っただ中にある。

本書では、日本国内の自転車を巡る環境と政策を概観する。そして、イギリスで実践されている具体的な取り組みと比較検討しながら、これから実現すべき自転車社会について考えていきたい。

第一章　日本の自転車環境

1　話題の自転車道を走ってみた

自転車道、自転車レーン、自転車歩行者道

近年、「自転車（専用）道」「自転車レーン」というものがメディアで頻繁に登場している。自転車を何らかの方法でクルマ、もしくは歩行者と分離することで、双方の安全を確保しようという試みが日本各地で進められているのだ。

国土交通省は「自転車道」を、「専ら自転車の通行の用に供するために、縁石線又はさくその他これに類する工作物により区画して設けられる道路の部分をいう」と「道路構造令」で定めている。つまり、柵《さく》などで車道や歩道から物理的に分離された「専用道」のことだ。

「自転車レーン」とは、正式には「普通自転車専用通行帯」と呼ばれるもので、車道の一部（ほとんどは左端）に自転車しか通行できない部分を設ける。具体的には、路上を色分

けすることで自転車専用であることを示すなどの方法がとられる。

さらにもうひとつ、「自転車歩行者道」というものがあり、これは日本独特といえるかもしれない。正式には「普通自転車歩道走行可」というが、その実は自転車が歩道も走れる、というだけである。

最初に挙げた自転車道は、町中に設置されるタイプと、それ以外に分けられる。町中の自転車道というのは、まだ日本にはほとんどなく、現在、その拡充をはかる政策が実施されつつある。後者、すなわち町の外にある自転車道で代表的なのは、河川沿いのサイクリングロードである。東京なら多摩川沿いの「多摩川サイクリングロード」（多摩サイ）、荒川沿いの「荒川サイクリングロード」（荒サイ）などがそれに当たる。こういった河川沿いの自転車道は、利用者がどんな目的で走るかは自由であるが、もっぱら余暇利用や健康増進を主眼に置いており、日常的な通勤や通学を意図してはいない。通勤者の数や利便性とは無関係に、河川などの自然条件を前提に設置されているにすぎない。ランニングや犬の散歩で利用する人も増えており、自転車との接触事故も少なくないようだ。

自転車レーンは、現在、いくつかの都市で設置が進められている。これについては後述したい。

そして、自転車歩行者道。これがさまざまな問題を内包していて、頻繁に議論の槍玉《やりだま》に挙げられている。「自転車が歩道を走ることに、どこか特別なことがあるのか？」と思われる方が多いかもしれないが、歩道は原則的に歩行者のものであり、自転車を含む「軽車両」の立ち入りは禁じられている。自転車は、「自転車走行可」の標識がある歩道に限って歩道を通行してよい（小学生以下や高齢者をはじめ、年齢や身体条件などが適《かな》えばどの歩道でも走行できるが、ここでは詳述しない）。

ここ数年の議論の中で、こうした自転車歩行者道のあり方を見直す動きが出てきた。自転車はあくまで車道を走るという原則に立ち返り、歩道上の走行を禁止するという流れである。同時に、従来の自転車歩行者道を多少アレンジすることで、歩道上に新たな「自転車専用の道」を確保しようという方策が出てきた。従来の自転車歩行者道では自転車と歩行者の衝突事故が絶えないことが大きな問題だったので、歩道上でこの二者をはっきり分離すれば安全、という考えに基づいている。

しかし、どんな形であれ、歩道上に自転車の走行を認めることで自転車、そして歩行者が安全に通行できる空間が確保できるのか？

日本各地の自転車道や自転車レーンを実際に走りつつ、その課題や問題点を考えてみた。

名古屋市中心部の自転車道

トヨタ自動車のお膝元《ひざもと》でもある名古屋は、道幅が非常に広い「一〇〇メートル道路」に代表されるように、クルマ中心の道路体系で知られている。周辺の愛知県各市町村も含め、トヨタとその関連企業による恩恵は数知れず、クルマ（自家用車）の需要を減らしかねない自転車環境の整備はもちろん、鉄道、バスなどの公共交通機関の拡充にも消極的な土地柄だといわれている。

そんな名古屋市中心部において自転車専用道が整備され、話題となった。車道のスペースを削って、自転車道を設けたのだ。おもな設置場所は、伏見通りと桜通りが交差する日銀前交差点から、伏見通りへおよそ一三〇〇メートル、桜通りへおよそ八〇〇メートルである。

この自転車道の特徴は、路面を色分けした単なる自転車レーンではなく、車道との境に

名古屋市中心部に設けられた自転車専用道

柵を設けて、クルマとの分離を明確にしたことだ。柵によって自転車の安全がはかられ、自転車利用者には心理的安心感も与えられる。自転車道は車道の両側に設置されていて、各々相互通行が可能だ。巻尺で測ってみると、自転車道の幅は約二メートルだったので、一方向ごとに一メートルが割り当てられていることになる。

私が走ってみたのは、二〇一一年一二月の某日、平日の昼間。普段の交通量を知らないので比較はできないが、自転車道の利用者は少なかった。一方、車道側を走る自転車は皆無で、歩道上を走行する自転車はちらほら見かけた。自転車道の周知が徹底していないか、あるいは使いにくいのか、もしくはその両方であろう。

実際に走ってみると、自転車道そのものは非常に快適だ。しかし、交差点に差しかかると大きくカーブを切り、横断歩道に隣接する自転車横断帯を渡らざるを得ないような仕組みになっている。せっかく直進でスイスイ漕《こ》いできたのに、交差点をまっすぐ通過できない。これは非常に面倒だ。歩道を走行すれば、ほぼその軸線上に自転車横断帯があるのだから、わざわざ自転車道を使いたくない、と考える人が多勢なのは理解できる。

自転車道と車道を隔てる柵については、あればその分、事故は軽減できるだろう。しかし、交差点内ではどうしても柵を外さざるを得ない。たとえば現在の自転車横断帯を廃して、自転車道を直進したまま交差点を渡ることができる方法に変更されたと仮定しても、左折しようとするクルマに、柵の内側から突然現れた自転車が巻き込まれる危険はないのか。それなら、柵など最初からないほうがむしろ安全だ。

最終的に市全域に自転車道を整備することを前提にした場合、柵を設置するだけ建設費が上積みされる。限られた予算で自転車道ネットワークを構築するためには、柵の分を路面の整備に充てるべきだろう。

名古屋の自転車道の特徴として、自転車道に接する歩道の一部を駐輪場としていることがある。自転車道を走ってきた人が、目的地近くで駐輪場に停《と》められることを目的として設置されたもののようだ。場所によって無料、有料に分かれていて、有料の場所でも、最初の一五分は無料にするなど、ちょっとした買い物ならお金がかからないシステムになっている。先ほど、自転車道の利用者は少なかった、と書いたが、駐輪場はどこも満車、もしくはかなり混雑していた。おそらく、朝、通勤通学でやって来て、ここに駐輪してから地下鉄などで目的地へ向かったものと思われる。彼らが自転車道を使ってきたのかどうか、確かめる術《すべ》はないが、自転車道と駐輪場を一緒に整備する、というコンセプトそのものは悪くない。

この取材で一番がっかりしたのが、自転車道の中心部であるはずの日銀前交差点である。前述の通り、ここから二本の自転車道が延びているのであるが、交差点には歩道橋が架けられていて、路面を自転車が渡る横断帯はない。階段に併設されたスロープを使って自転車を押して上がれというのである。名古屋駅でレンタサイクルを借り、いよいよ話題の自転車道に到着した、とワクワクしていたのに、その自転車道に入るために歩道橋の上まで自転車を押し上げなくてはならないとは！

「自転車専用空間」の創出は難しい

東京都江東区、ＪＲ亀戸《かめいど》駅付近の国道一四号線、通称「京葉《けいよう》道路」に設置された自転車道も、名古屋市のものとほぼ同じである。つまり、柵によって車道と自転車道が分離されており、自転車道は相互通行、そして車道の両側に設けられている。亀戸駅前の交差点、京葉道路と明治通りが交わる所では、歩行者には歩道橋が提供されており、自転車は横断帯を渡る方式だ。名古屋に比べると、自転車道と横断帯の軸線はそろっていて、ほぼ直進する感覚で交差点に進入できる。しかし、その分交差点では自転車道が広く膨らむ感じになり、できたスペースに違法駐輪が見られたのは残念だ。

この亀戸の自転車道については、沿線の商店から根強い反対意見があると聞いた。搬入、搬出される荷物の荷さばきができないというのである。歩道にトラックを直接横付けできれば、荷物を運ぶ距離は歩道の幅だけで済むが、自転車道が加わればその分運搬距離は延びるし、何より車道との間の柵が邪魔になる。

名古屋にしても亀戸にしても、安全な走行空間を確保しようというあまり、自転車、クルマ、歩行者を完全に分離しようとしたことが、かえって使いにくさを生み出している。

亀戸の自転車道

「自転車専用空間」の創出や捻出《ねんしゅつ》は、理想的といえば理想的だが、限られた路面を複数の交通モードで分け合えば、どうしても無理が出る。反対に、空間の狭さを理由に自転車を締め出そうというのなら、古倉宗《こくらむね》治《はる》氏が言うように、「世界で自転車を推進することのできる地域はごく一部になってしまう」。

また、これら高規格な自転車道の設置にかかった費用も相当なものになるはずだ。湯水のように予算が使えるのであれば別だが、長引く不況で税収が落ち込み、国も地方自治体も緊縮財政を余儀なくされている昨今、これだけのインフラを用意する必要はないのではないだろうか。

名ばかりの「自転車推奨ルート」

東京都世田谷区の烏山《からすやま》通り。片側一車線のこの道路は、クルマの通行量も多いが、朝は京王線千歳《ちとせ》烏山駅に向かう自転車でも混雑する。鉄道の北側に広がる住宅地から駅まで、バスもあるにはあるが、時刻表に左右されない自転車のほうが便利なようだ。

あまりにも自転車の数が増えてきたからだろう、所轄の成城警察署は「自転車安全ルート推奨マップ」なるものを大々的に発表した。自転車用のバイパスを設定し、そこを通れば快適かつ安全に走れるというふれこみだ。

見に行ってみると、何のことはない、住宅街のただの細い道である。既存の生活道路を無理やり一本のルートに仕立て上げ、「さあ、これが自転車用に造った道ですよ!」とでも言いたいのであろうか?

自転車ルートなら、せめてルートを示す路上のペイントなり看板なりのアイコンもあるべきだが、それすら見当たらない。ウェブサイトに掲載されている地図と市販の都市地図をにらみ合わせて、ようやく入口を探し当てた次第だ。

自分の自転車で走ってみると、住宅街の生活道路以上の何物でもない。行ったのが平日の午後だったので自転車は少なかったが、自転車にこんな細い道を走らせることに、警察は何の危険性も感じないのだろうか。住宅街であるから、細かい十字路や丁字路、先が見えないブラインド・コーナーなども多い。両側から錯綜《さくそう》する自転車、その間にはさまれる歩行者、どれをとっても安全な場所にはなり得ない。

クルマの多い道路から自転車を追い出せば、とりあえず両者の確執は回避できる。名ばかりの「推奨ルート」には、警察のそんな意図が明らかに見える。ルート上にある大学や高校の学生を迂回《うかい》させるために、こんな裏道を設定したのかもしれない。

だが、曲がりくねった生活道路には、当然、自転車対自転車、自転車対歩行者の衝突という危険性が大きな口をあけて待っている。クルマと引き離したらそれで解決、という問題ではないのだ。

従来の歩道をそのまま「自転車道」として記載

山梨県のJR甲府駅周辺に設置された自転車道は、歩道上に設置されたタイプだ。駅から県庁方向に延びる平和通りの歩道は、自転車用の通路と歩行者用の通路の間に縁石が並べられ、両者を物理的に分離している。

しばらく行くと「自転車通行帯　ここまで」という標識があり、この先は走ってはいけないのか？　という錯覚に陥ってしまった。実はそうではない。標識の先は共用区間、つまり自転車も歩行者もどこを走っても構わない「自転車通行可」の区間ということである。

なぜこんな複雑なことになっているのか。共用区間となっているのは、バス停などがあって歩道の幅が狭く、自転車、歩行者各々の通行帯を確保できない場所。だから同じスペースを通行してください、ということなのだろう。専用通行帯と共用区間がクルクル変わると、かえって混乱してくる。なまじ自転車歩行者道をきっちり整備しようとした結果、

甲府駅南側の「歩行者道」「自転車道」

ややこしさだけが残った悪例だ。

それでも混乱がほとんど見られないのは、違法であろうがなんであろうが、自転車利用者が従来通り歩道を「好き勝手に」走っても、誰も文句を言わないからだ。この場所が特別ではなく、同じような光景は全国どこにでもある。

一方、甲府駅北側の市道朝日荒川線にも、同様の方式で自転車道が設置されている。こちらは、共用部分は交差点付近のみで、自転車が通るべき道は判別しやすい。だが、同じ「自転車道」「歩行者道」であるのに、駅南側とは違う英訳（南側は「自転車道」が「Bicycle」で「歩行者道」が「Walker」、北側はそれぞれ「Bike Path」と「Pedestrian Road」）が付けられていた。些細《ささい》なことではあるが、線路を隔てるだけでスタンダードが異なってしまうあたり、付け焼き刃的な印象を受けた。

甲府駅周辺には、これら以外にも自転車道が設置されている、とウェブサイトにはあったので、探しに行く。ところが、それらしいものが見当たらない。駅前の交番でそのサイトのコピーを示しながら警察官に尋ねると、「今後整備されるのではないか？」という答えが返ってきた。が、その計画図には、先ほどの自転車歩行者道より以前に整備済みとなっており、首を傾《かし》げざるを得ない。なにより、このサイトは国土交通省と山梨県警が発表したものである。

自転車道の有無が確認できないまま、仕方なく計画図に引かれた道を走ってみたところ、このルート上の歩道はすべて「自転車走行可」となっていることがわかった。従来の歩道が、そのまま自転車道として記載されていただけのことだったのだ。

もうひとつ甲府で付け加えるなら、これら既存の自転車歩行者道の沿線には、必ずといっていいほど学校が建っていた。つまり、これらの自転車道は、中学生や高校生の通学路として「指定」された、というにすぎないのではないか。毎朝毎夕自転車を漕いで学校を行き来する生徒たちは、自転車道に指定されたことなど知らないであろうし、知っていたとしても、以前と同じように歩道を走るのみであるのに。

歩道上の自転車道を一方通行に?

神奈川県相模原《さがみはら》市で行われていた社会実験は、歩道上の自転車道を一方通行にするというものである。歩道の幅を半分ずつに分け、内側(車道寄り)を自転車道、外側を歩行車道とし、自転車はクルマと同じ方向に進まなければならない。

車道は危険、かといって歩道は自転車どうしの衝突の危険性が……ということで、苦肉の策として歩道上を一方通行としたのだろう。期間限定で、しかも朝の通勤通学時間に限るということで、市の職員らしき人が実験区間の入口に立って、メモやら写真撮影やらをしていた(この実験結果を受けて、二〇一二年五月から一方通行の本格実施がスタートしている)。

自転車利用者も、概ね一方通行に従って走っていた。ただ、時間帯にもよるのだろうが、自転車の通行量はかなり少なく、ここで社会実験を行ってどういうデータがとれるのか、疑問に思った。また、他の例に漏れず、実施区間がかなり短く、ここだけ一方通行にしても、利用者は戸惑うばかりではないだろうか。

相模原の「社会実験実施中！」を示す看板

私は、この実験区間と交差する国道一六号線のほうが気になった。片側三車線のかなり広い幹線道路で、その左端には立派な自転車道が設置されていたからだ。車道とは縁石で仕切られ、自転車は相互通行。実際に走ってはみなかったが、かなり長い区間に設置されているようだった。

道路空間がこれだけ広ければ、車道との間に柵を設けてもそれほど圧迫感はない。交差点では、横断歩道横の自転車横断帯に移らなくてはならず、そこは改善が求められるが、自転車道そのものは好感が持てる。場所によっては自転車道の真ん中にも縁石があって、左右を分けようとしているが、逆にこれは危険だ。自転車がぶつかるばかりではなく、対面通行を縁石などで仕切ったほうが自転車はスピードを出す傾向にあるからだ。

「分離」「隔離」から「共有」へ

以上のような自転車道を見て、実際に走ってみると、構造物としては立派である半面、あまりに「考えすぎ」の感が否めない。安全に、安全に、と考えるあまり、かえって自転車が走りにくく、自転車どうしの衝突など別の危険を生み出しかねない。

一方、シンプルでわかりやすい自転車レーンも日本各地で誕生しつつある。

東京では、新宿から杉並区和泉にかけて、甲州街道の北側を平行して走る、通称「水道道路」上の幡ヶ谷あたりに設置された自転車レーンは、車道の左側を青地で塗っただけのもの。自転車は、当然クルマと同じ方向にこのレーン上を走る。レーン上には何台かの違法駐車や、荷さばきのためにトラックが停車していたが、私の自転車は概ねスムーズに走ることができた。

同じような車道上のレーンはほかにも何カ所かに設置されていて、私自身も東京都江戸川区の虹《にじ》の広場通り、栃木県宇都宮市の上河原《かみがわら》通り、神奈川県茅ヶ崎《ちがさき》市の県道四五号線、静岡県静岡市の本通りなど、実際に自分の折りたたみ自転車やレンタサイクルで走ってみた。レーンの有無にかかわらず、常日頃から車道走行を心がけている私にとって、こういったシンプルな自転車レーンは実に快適であった。

さらに簡便なタイプもある。東京都江戸川区にある東京メトロ西葛西《にしかさい》駅周辺に設置された「自転車ナビマーク」なるものだ。路面をカラーで塗りつぶすのではなく、数十メートル間隔で白地のマークをペイントする。これだと、さらに短期間かつ低コストで走行区間が確保できる。路面ペイントでもナビマークでも、そういうアイコンがあるだけで、自転車に乗る人は自然とそこを走りたくなる傾向がある。設置当初は、警察官などがルート上に立って指導することもあるが、だんだんと多くの人がレーンを利用しだすことで、次第にそこを走ることが常識化していく。

西葛西の「自転車ナビマーク」

クルマも自転車レーンには入ってこようとしない。一部不心得者の駐停車があるが、そこにクルマで入ることが「違法」であるという認識は彼らも持っているだろう。警察が取り締まりをしたとしても、すべての違法侵入を排除することは不可能だが、それでも自転車レーンはドライバーに対して心理的なプレッシャーを確実に与えることができる。

二〇〇八年、国土交通省は「自転車通行環境整備のモデル地区」というものを定めた。北海道から沖縄まで、全国の九八カ所に自転車の走行空間を整備、最終的にはそれを全国に広げようと目論《もくろ》んでいるらしい。その計画総距離は三四四・六キロメートル。二〇一〇年末の数値を見ると、その約八〇パーセントに当たる二七三・六キロメートルが完成していることになっている。

だが、それらをひとつひとつ検証してみると、「完成している」と謳われている区間のほとんどが「歩車道」、すなわち歩道上なのだ。歩道の上に「自転車走行可」と明示するだけで、歩道は一瞬にして自転車道に代わる。とりあえず歩道に自転車を走らせておけばクルマとの事故はないし、目標もクリアできる。そんな風に考えられている。

しかし行政も最近は空気が変わってきた。たとえば、前述の自転車レーンやナビマークには法的な規定がこれまでなく、導入がなかなか進まなかったが、国土交通省は、道路の基準を定めた「道路構造令」に自転車専用通行帯（自転車レーン）を追記することになった。何が何でもクルマとの間を物理的に遮断しなければ、という風潮は大きく転換しつつある。「分離」「隔離」ではなく、「共有」。自転車とクルマが道路を「シェア」するという発想への大きなシフトである。

2　自転車の車道走行を阻むものとは？

サイクリストを悩ませる「左折レーン」

日本の道路交通法では、自転車は車道の左端を走らなくてはならない。これまで容認されてきた歩道走行を改め、原則に立ち返って車道を走行しよう、という声は、自転車文化人の方々はもちろん、行政からも上がっている。

ところが実際に車道を走ろうとすると、この原則が守れない。遵守しようとしても物理的に不可能、または著しく困難や危険を伴う場所が日本の道路にはいくつも存在している。

とりわけ「左折レーン」のある交差点は、自転車にとって非常にやっかいである。

左折レーンとは、言わずもがな、左折専用の車線のことだが、それはクルマ（バイクなどを含む）のみを対象にしており、この車線から直進したりすると、「指定通行区分違反」になる。ところが左折レーンには、通常、道路の一番左側の一車線（もしくは二、三車線）

が充てられているため、「車道の左側を走る」ことになっている自転車の直進とバッティングしてしまう。

自転車通勤を始めて間もない頃、「車道を走る限りはクルマと同じルールで走らなくてはならない」と勝手に思い込んでいた私は、左折レーンのある交差点では右側の直進レーンに移ってから直進していた。実はこれは誤りで、自転車は左折レーンであってもそこを直進することができる。いや、自転車は常に左端をキープしなければならない、と言ったほうが正確かもしれない。

自転車側から見れば、車線変更をしなくて済む左折レーンの直進は、便利この上ないように思えるのだが、そこには大きな危険が潜んでいる。左折しようとするクルマのドライバーは、自分の左側を走る自転車が直進しようなどとは夢にも思わないから、左折車の内輪に押しつぶされる巻き込み事故の可能性が一気に高くなるのだ。

左折レーンに加えて「左折専用信号」もある交差点は、さらに難解だ。信号が赤であっても、クルマは青の左矢印で左折できるのだが、直進するつもりで左端に停車している自転車は、左折車のドライバーにとっては邪魔者でしかない。私自身、この状況で後ろのクルマからクラクションを鳴らされたことが何度かある。

クルマ、自転車、歩行者がカオスとなる交差点

渋谷区にある東急東横線代官山駅に近い鎗《やり》ヶ《が》崎《さき》交差点は、駒沢《こまざわ》通りと旧山手通りが丁字状に交わっている。近年、駒沢公園方面からこの交差点を通って恵比寿《えびす》、渋谷方面に向かう自転車が急増しているように思える。特に朝の通勤時間帯には、その手前にある中目黒交差点の青信号で吐き出された自転車の波が鎗ヶ崎に殺到する。

駒沢公園方面から来て、鎗ヶ崎交差点を右方向、すなわち恵比寿駅方向に行くとしよう(左図参照)。ここは、三車線のうち一番左は左折レーンになっていて、しかも左折専用の青信号が別に出るので、一番左側の車線では左折するクルマに直進する自転車が巻き込まれる危険性が高い。

実際この交差点では、それまで車道を走っていた自転車が直前で歩道に乗り上げ、歩道上で青信号を待つ姿が目につく。私自身、ここではいつも「歩道組」だ。

もうひとつ問題がある。ここは「歩車分離式」といって、クルマをすべて赤信号にして

50m先
車検
自動車保険

鎗ヶ崎交差点

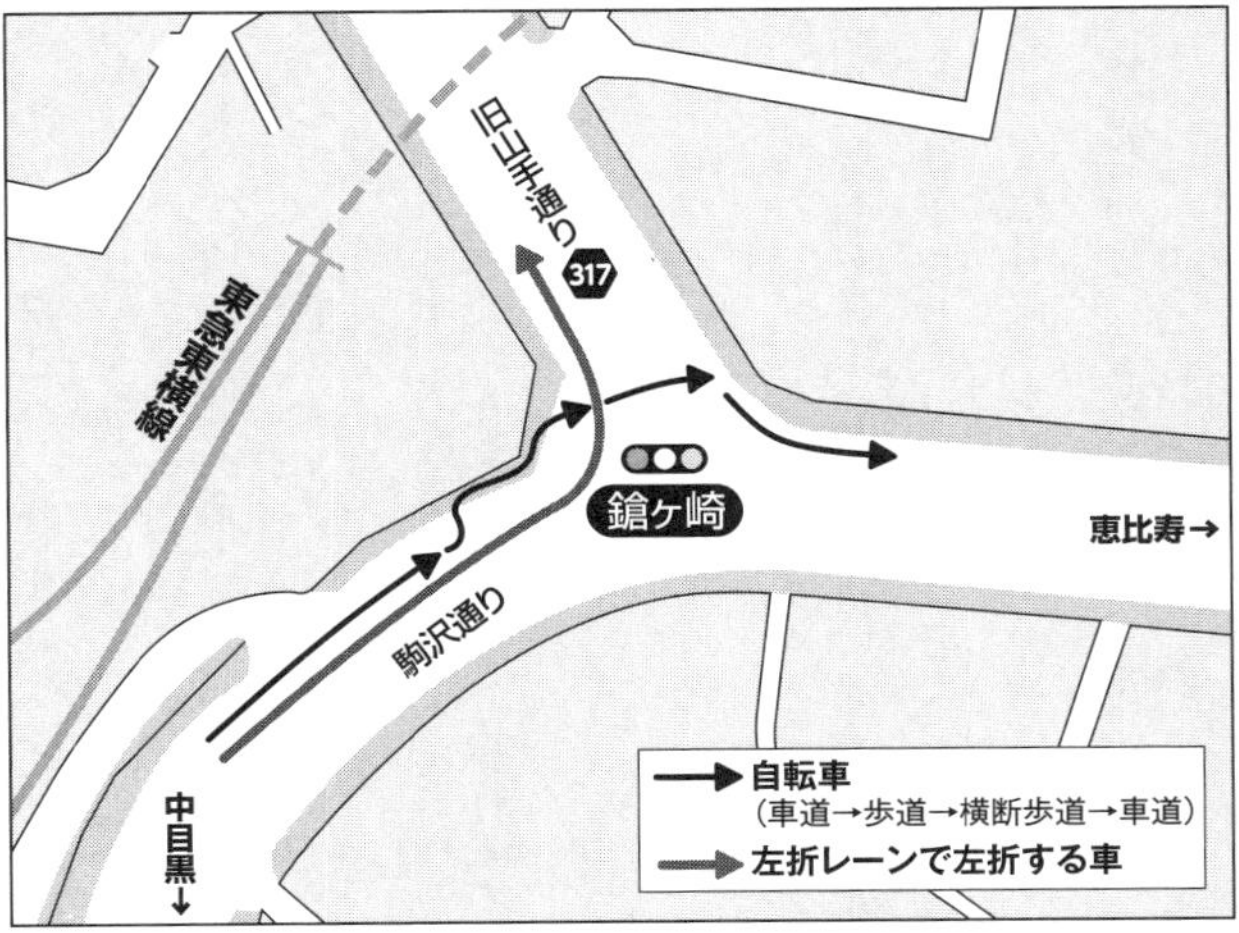
旧山手通り
317
東急東横線
鎗ヶ崎
恵比寿→
駒沢通り
中目黒↓
自転車
（車道→歩道→横断歩道→車道）
左折レーンで左折する車

から歩行者の青信号が全方向に点灯するようになっている。そこへ、歩道で待っていた自転車が、それ行け！　とばかり交差点に雪崩《なだ》れ込んでくるとどうなるか。歩行者にとっては、赤信号を無視して「車両」が入ってきた格好になり、今度は歩行者と自転車のカオスが始まる。子供連れ、お年寄りなど、横断歩道をスムーズに渡れない人も少なくない、その間を自転車がすり抜けていく。

自転車を「車両」と解釈する人、「歩行者」と自認する人。クルマ、自転車、歩行者の各人で認識や理解が異なり、混乱に拍車がかかっていく。

自転車専用の信号や停止線が必要？

左折レーンと左折専用信号でサイクリストを混乱と恐怖に陥れる交差点は、東京都内だけをみても枚挙に遑《いとま》がない。特に若い人やロードレーサーなど「早く走ることに自信（過信？）がありそうな人」は、右側の直進レーンに移って信号待ちをしている姿が目立つ。厳密には交通違反であり、車線を移るときには危険を伴うが、左端で待つよりは安全だというのは、実感として私も理解できる。

自転車専用の停止線（ロンドン）

ではどうすればよいのか？　自転車ジャーナリストの疋《ひき》田智《たさとし》氏は、著書『自転車の安全鉄則』の中で、自転車専用信号の設置を提言している。クルマ用とは別に自転車用の信号機を設け、クルマより少し前に青信号にする。これで、左折レーンがあっても自転車は左端を安全に直進できる。なるほど、この方式ならさほど大きな費用もかからないだろう。

　私がイギリスでよく見たのは、自転車専用の停止線をクルマより何メートルか前に持ってくる方法だ。これだと、自転車がクルマの前に停車していることになり、青信号になれば当然自転車のほうが先に出ていく。ドライバーの心理としては、自転車が出払うまで無理に交差点に突っ込みたくはない。一昔前は日本にもバイク専用の「二輪専用停止線」というのがあり、同じようにクルマの前方で停止するようになっていたが、どうしたわけか最近、東京都内では見なくなった。バイクとクルマが接触しないように工夫した、あの方式を改めて自転車用として導入したらどうか。

さらに私見を加えるなら、左折レーンや左折専用信号そのものの存在意義を問い直すべきではないか。交通量の多い交差点の場合、対向車線の直進車を停めて右折車を流す右折レーンや右折専用信号は不可欠だが、左折車だけを「優先」する信号が果たして必要なのかどうか。

クルマだけの便宜を考えてきた従来の交差点では、現代の自転車交通に対応できない。クルマ、自転車、歩行者がより安全で快適に通過できる新しいシステムを構築する時期に来ている。

危険な歩道橋交差点

左折レーンと同じくやっかいなのが、歩道橋のある交差点だ。歩道橋が存在するおかげで、思わぬ勘違いや見落としが発生するおそれがある。

一般的な十字路で、歩道橋が四方に架けられていると、路面には歩行者用の横断歩道はないので、クルマは歩行者を気にすることなく直進でも右左折でもできる。が、自転車横断帯があればどうか。「歩道橋があれば路面での歩行者や自転車の横断はない」という先入観でクルマが交差点に入って来ればどうなるか、説明の必要はなかろう。

実際、私がバイク（オートバイ）側で、右折時に自転車を見落としていたため、危なく衝突しそうになった事例がある。場所は、東京の天現寺交差点。明治通りと外苑《がいえん》西通りが交わるポイントで、双方とも車線が複数ある大きな交差点である。

外苑西通りを西麻布方面からバイクで走って来た私は、天現寺交差点を右折、つまり渋谷方面に向かおうとしていた。交差点の一番中央にある右折専用車線で、対面から来るクルマの切れ目を待つ。西麻布方向に流れるクルマの列の合間にスッとスペースが見えて、さあ右折！　と焦りつつアクセルを開く。右折を終えようとしたその先に、いきなり自転車の影を目の端に認めた。急ブレーキで、何とか事故にまでは至らなかったが、視認が一

歩道橋の下に自転車横断帯がある天現寺交差点

歩遅れれば、私は立派な加害者になっていただろう。

自転車は路面を走るしかないのだから、歩道橋を設置した場合は、自転車横断帯がセットで必要になるはずである。しかし、自転車横断帯がない場所は珍しくない。あっても一部だけで、対面に渡るだけなのに、カタカナのコの字に三回も信号待ちを強いられたりすることもある。

たとえば前出の天現寺交差点から自転車で一〇分ほどの所にある恵比寿橋交差点がそうで、横断帯が二カ所にしかなく、残りの二カ所で渡るには大きく遠回りせざるを得ない。歩道橋交差点では、自転車は忘れ去られた存在なのだ。

極めつきは、自転車に歩道橋の上を渡らせる交差点だ。前述した、名古屋市の桜通りと伏見通りが交差する日銀前交差点は、このとんでもない代物《シロモノ》である。車輪が付いているとはいえ、一〇キロも二〇キロもある自転車を押して上げろとは、人権無視もはなはだしい。

交差点を渡る地下道も基本的には歩道橋と同じ発想で、歩行者の安全確保という名の下に階段の昇り降りを強いる。特に地方都市の駅前に多いように思われるが、ここでも自転車の存在が忘れられている。スロープが付いていて、押して地下道をくぐれというのはまだましなほうで、それすらなく、クルマの通行しか考えられていない交差点を無理やり渡らなくてはならないこともある。

そもそも歩道橋や地下道というものは、クルマの通行のみを優先し、歩行者を空間の端っこに押しやる建造物である。高度成長に伴い、交通量が急増したことを受けて、「歩行者の安全をはかる」という名目で全国に架けられていった。だがその実は、クルマだけをスムーズに流そうとしたにすぎない。

言うまでもなく、日本は高齢社会に突入している。歩行に困難を伴ったり、車椅子を利用する人はさらに増加していく。彼らにとって、歩道橋はバリアフリーと正反対の大バリアとして行く手をさえぎる。一方、乳幼児を抱っこしながら、あるいはベビーカーを押しながら通行する人にとっても、歩道橋は通行困難な障壁となるであろう。

最近は、高齢者やベビーカーが利用しやすいよう、エレベーターが併設された歩道橋も見かけるようになったが、歩道橋そのものの存在を問い直すべき時代になったのではないだろうか。

左折レーンと歩道橋がコラボする最悪の交差点

左折レーンに左折専用信号、さらに歩道橋も存在しているポイントはサイクリストにとって超難所であり、危険度も恐怖感も倍加される。こういう無神経な交差点が、都市部には実に多い。

東京都内では、たとえば国道二四六号線（玉川通り）と環状八号線が交わる瀬田交差点。ここは左折レーンと歩道橋の迷惑なコラボレーションが、サイクリストを恐怖に陥れる最悪の交差点だ（左図参照）。二四六号線を渋谷方面から走ってくると、一番左側の車線は環

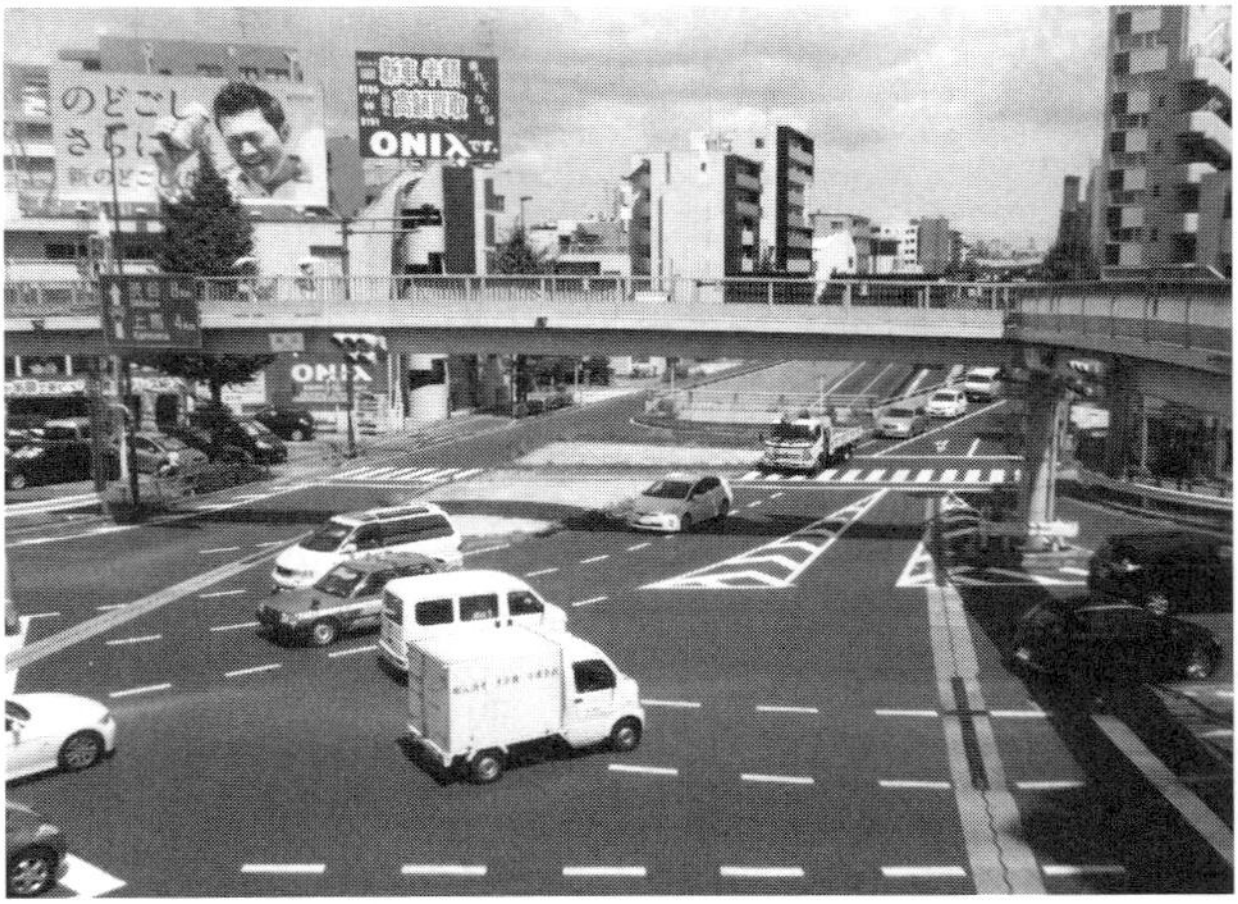

瀬田交差点

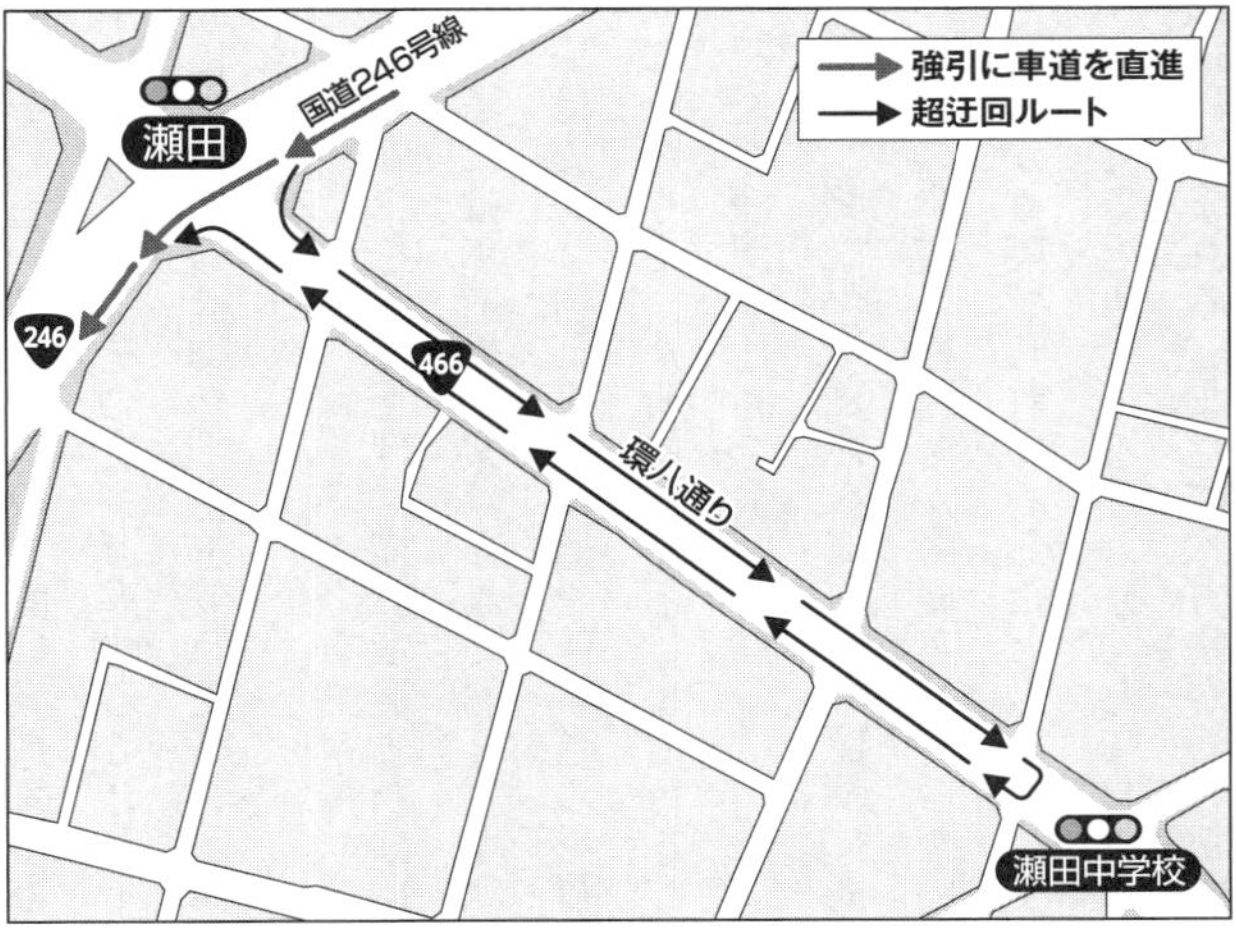
強引に車道を直進
超迂回ルート
瀬田
国道246号線
246
466
環八通り
瀬田中学校

状八号線を蒲田《かまた》方面に向かうために左折する車線、その右側は二子玉川《ふたこたまがわ》方面に直進する車線に分かれる。一般的な交差点であれば、自転車は左折車線をそのまま直進することができる。ところがここは、左折車線と直進車線の間に歩道橋の橋脚の土台を兼ねた縁石があり、左折車線に入ったが最後、左折以外はできない仕組みになっている。

横断歩道のみの交差点であれば、いったん歩道に自転車を乗り上げ、横断歩道または自転車横断帯を渡るということも可能である。が、ここには歩道橋が架けられており、環状八号線を渋谷方面から二子玉川方面に渡る横断歩道はない。自転車は車道を渡らざるを得ないのだ。さもなくば、環八の歩道上を蒲田方面にかなり走った所にある信号まで行き、それを渡って再び国道二四六号線に戻ってくる。そんな面倒な迂回を強いられる。

墨堤《ぼくてい》通りと都道三一四号線が交差する足立《あだち》区の千住曙町《せんじゅあけぼのちょう》交差点など、私の記憶にあるだけでも同様の交差点が都内には複数ある。歩行者の歩道橋横断しか考えられていないため、交差点周辺はガードレールで車道と歩道がしっかり隔てられていることも多く、交差点内に入ってからそれに気がついても、歩道に逃げることもできない。かくして自転車は、車道を走れば左折車を妨害し、歩道では歩道橋に阻まれる、まさに八方塞《ふさ》がりの状態に追い込まれる。

悪評高きY字路

このほか、道路が二股に分岐する「Y字路」もなかなかハードルが高い。幅の狭い生活道路ならまだしも、通行量の多い都市部の多車線道路で、「Y」の字の下から上に進み、右方向に曲がるのはきわめて難しく、危険である。

東京の六本木通りにある六本木二丁目交差点は、サイクリストには悪評高きY字路だ。前出の疋田智氏も『自転車はここを走る！』で指摘している通り、四車線のうち左側二本が左折、右側二本が右折車線となっているこの交差点で、自転車の右折には相当な習熟と危険への覚悟がいる。

ここは、歩行者には歩道橋があり、かなり歩かされるが、渡ることは問題ない。しかし横断歩道も自転車横断帯もなく、自転車を押し歩きしながら横断することは不可能である。『それでも、自転車に乗りますか？』の著者、佐滝剛弘《さたきよしひろ》氏も、中原街道と国道一号線の分岐点である中原口交差点を例に挙げながら、Y字路でいかに自転車が無視されているかを解説している。せめて分岐点近くに自転車用の横断帯があるべきなのだ。

ほんの少ない事例からでも、日本の道路の構造が「クルマ」「歩行者」の二者しか想定していないことがよくわかる。自転車ユーザーは、危険と知りつつ車道上を走り続けるか、もしくは無駄な遠回りを強いられるか、どちらかを選択しなくてはならない。

3　ママチャリ問題

車道走行の原則と乖離《かいり》する自転車横断帯

自転車の車道走行を徹底すべし。二〇一一年一〇月二五日に警察庁からの通達が出て以来、自転車関係者や学術界、そしてマスコミまでがその論調を鮮明に打ち出している。だが現実には、車道走行の安全性は日本では確保されていない。歩道を走ったほうが安全、と市井の人たちは信じて疑わないし、実際、町を見れば歩道上を走る自転車のほうが圧倒的多数である。通達があろうとなかろうと、法律で禁止されていようがいまいが、歩道走行が認められている「自転車歩行者道」はもちろん、それ以外の歩道を自転車が走っていたとしても、取り締まられることはまずない。

歩行者との衝突の危険性を抜きに考えれば、歩道上は安心して走れる空間のように思える。しかし交差点では、歩行者と同じように自転車も車道に下りなくてはいけない。実は交差点こそ、自転車事故がもっとも多発する危険地帯なのだ。

歩道を走ってきた自転車が交差点に飛び出す。そこに左折車が突っ込んでくれば、巻き込み事故となる。交差点では横断する歩行者に優先権があり、当然ドライバーには注意義務が科せられているのだが、歩行者をはるかに上回るスピードで交差点に現れる自転車までは追尾できない。いや、できたときには、すでにクルマの目の前を渡っている。

かつて、歩道走行から交差点に入ろうとした私のせいで、クルマのほうを災難に巻き込んでしまったことがある。場所は東京都荒川区南千住《みなみせんじゅ》、国道四号線（日光街道）が都道四六四号線（コツ通り）と分岐する南千住交差点。足立区方面から国道四号線を南下し、南千住交差点を直進する場合、一番左は左折専用になっている。当時私は、この交差点直前まで車道を走り、交差点に入る手前で歩道に乗り上げていた。左折するクルマに巻き込まれないためである。

　ある日のこと、いつものようにこの方法で歩道を走っていた私の右手に、小型ダンプカーが目に入った。ダンプカーは左折車線を走行し、南千住交差点を左に折れようとしている。歩道から私の自転車が自転車横断帯に進入しようとする、その目の前をダンプカーが通過していく。進入のタイミングがほぼ同じだったため、私は横断帯直前でブレーキをかけて急停車した。その姿を、ダンプカーの先で待機していた警察官は見逃さなかった。

　私はそのまま走り去ってしまったので詳細を確認してはいないが、おそらく警察官は、ダンプカーの「歩行者妨害」を取り締まったのだろう。横断歩道を渡ろうとしていた「自転車＝歩行者」の行く手を無理やりさえぎった、という咎《とが》である。

　このとき私は左折するダンプカーを認識した上で停止したが、「歩行者や自転車の前でクルマは停止するものだ」という先入観で横断歩道に突っ込んでいたら、大きな事故につながっていたかもしれない。このダンプカーのドライバーは罰金を科せられたと思われるが、歩道走行→自転車横断帯という構造が招いた災難ともいえる。

　自転車横断帯とは、比較的大きな交差点では横断歩道と並んで設置されているもので、法律上、自転車はここを通らなくてはならない。しかし自転車横断帯は、歩道と反対側の歩道を結ぶように描かれており、どう見ても自転車が歩道を走ることが前提とされている。だが、歩道では歩行者も自転車も一緒くたに通行しているのに、横断歩道でだけこれら二者を分離する、というのもおかしな話ではないか。

現実は、横断歩道であろうと自転車横断帯であろうと、歩行者も自転車も気にせず渡っている。特に混雑する交差点では、横断歩道と横断帯一杯に広がって渡る歩行者、その間を縫うようにジグザグに走り抜けようとする自転車が日常風景となっている。

車道走行の原則と乖離する自転車横断帯の現状を警察もようやく認め、二〇一二年五月中旬、警視庁は東京都内にある約一万五〇〇〇カ所の横断帯を順次撤去する方針を発表した。これで自転車が速やかに歩道から車道に移るとは思えないが、今後は交差点において「合法的」に自転車が直進できる環境がある程度整ったことは評価できる。

ママチャリの定義とは

一見安全そうな歩道走行は、逆に大きな危険をはらんでいるのだが、長年、歩道に慣れ切ったユーザーの車道への誘導は、一筋縄にはいかない。とりわけ〝抵抗勢力〟として立ちはだかるのが「ママチャリ」ユーザーである。

ところで「ママチャリ」とは何なのか、定義があるわけではない。「ママ」が母親を指し、「チャリ」が自転車の俗称である「チャリンコ」であることに異論はないだろうが、その一方で、母親が乗る自転車だけを意味するものでもない。

現状、一般にママチャリと呼ばれている自転車はふたつのタイプに分けられる。

ひとつは、自転車産業界では「軽快車」と言われているもので、高校生の通学や、サラリーマンが通勤時に最寄りの駅まで行くのに使われる自転車。変速機はないものが多く、ハンドル前にかごがあり、後部にはキャリアが付いている。自転車店はもちろんのこと、ホームセンター、ディスカウントショップ、そして時にはスーパーマーケットでも売られている。価格が非常に安く、私は五〇〇〇円の値札が付いているのを見たことがある。駅前にずらりと並んだ放置自転車のほとんどがこれで、自治体が撤去して集積場に積み上げておいても、取りに来る人がほとんどいない。五〇〇〇円で買って、引き取り料が二〇〇〇円もかかるのであれば、新しい自転車を買ったほうがいい、ということになるのだろう。

集積場で雨ざらしになって持ち主を待つママチャリを見るたび、日本の自転車ブームの負の側面を感じざるを得ない。

もうひとつのママチャリは、まさに名前通り、お母さん（もちろんお父さんでもいいのだが）が使うために生まれた自転車、すなわち子供乗せシートが付いた自転車である。子供乗せシートは前部または後部に一カ所、もしくは前後部の二カ所で、当然ながら前者は子供一人、後者は二人まで乗せられる。価格は、前者のママチャリよりは高く、最低でも三万円程度から。

最近にわかに増加している電動アシスト自転車もこのタイプが多数を占める。私の子供が通っていた保育園でも、朝夕の送迎に来る親はほぼ一〇〇パーセント電動アシストだった。自宅周辺は急坂が多いという事情もあるが、地理的な条件にかかわらず、電動アシストの普及は全国的にも急速に進んでいる。家庭のみならず、新聞販売店、コピー機のメンテナンス会社など、これまで原付などのバイクを使用していた業者も、経費節減とエコロジーを理由に次々と電動アシストへ移行。大都市のビジネス街では、宅配便業者までが配送をトラックからリヤカー付き電動アシストに切り替えている。ついに二〇一〇年には、年間出荷台数で電動アシストが自動二輪車を上回った。

ママチャリの歩道走行を認める条件

話をママチャリに戻すと、その歩道走行を認めるか否か、これが第一の論点になる。

先ほどママチャリの二類型を紹介したが、すべてのママチャリがこの分類に収まるわけではない。中間的なタイプもあるし、スポーツ自転車に子供乗せシートを取り付けている人もいる。だから車道走行の是非は、自転車の形やスタイルではなく、子供が乗っているか否かで判断すべきだろう。

実際、警察庁の通達でも、子供を乗せた自転車は歩道を通行してもいいことになっている。だがこの通達では、ほかにもいろいろと例外規定が盛り込まれていて、結局、誰でも歩道を走っていい、という解釈がなされてしまう。ここはあえて、「子供を乗せているときに限って」歩道走行を認めるということを高らかに謳ったらどうだろうか。

子供乗せ自転車のユーザーも、歩道走行に固執するばかりでなく、今一度自転車走行環境がどうあるべきかという大所高所の視点で考えるべきである。まず、自分の居住エリアに「歩道」がある道路がどれほどあるか再確認してみるといい。私の自宅付近を見ると、歩道の付いた道路は少ない。路側帯はあるが、コンクリートなどで盛り上げられた歩道は存在していない。当然、これらの道では自転車は車道を走っている。距離の長短こそあれ、子供を乗せたままで毎日のように車道を走っている人がほとんどのはずだ。

歩道が付いているのは、幹線道路か、それに準じる道路だろう。再び我が家の周辺に目を移してみると、山手通りや駒沢通りがそれに当たり、実際、歩道が付いている。たしかに、こういった幹線道路、準幹線道路は交通量が多い。子供を乗せている場合、歩道走行を認めるのが妥当だと思う。

後述するイギリスでは、自転車の歩道走行はどの年齢層にも原則認められていない。だが、所々に「自転車の歩道走行に対しては罰金が科せられます」という看板が掲げられているのは、少なくない違反者の存在を暗示している。実際にイギリスの町を歩いていると、ヘッドホンを頭にかけたまま歩道を蛇行する若者を見かけたこともあった。イギリス在住の友人に聞いても、自転車の歩道走行は結構多いようで、歩行者やベビーカーとの接触が問題になっている。

イギリス人男性と結婚し、小学生の息子と三人でロンドンに暮らしている日本人のHさんによれば、子供を乗せていても歩道走行は法律的には禁止されているそうだ。ただし、それほど厳しく取り締まられていないし、周囲でも日常的によく見る光景だという。原則禁止だが黙認、というグレーゾーン的な状況は日本と酷似しており、私の短いロンドン滞在中にも歩道走行の子供乗せ自転車を見かけた。だがHさんも、「息子を乗せて歩道を走っていたとき、警官から注意を受けたことがある」そうで、やはり違法行為には変わりはない。

誘拐などの犯罪を防ぐため、子供の送迎にクルマを使う頻度がイギリスでは高いのだが、通学時間帯は校門の前が渋滞になり、周辺住民からの苦情との板ばさみに学校は悩まされている。送迎をクルマから自転車に変える親が増えた場合、今度は歩道走行の問題がクローズアップされてくるかもしれない。

高齢者の歩道走行を認める意味はない

子供乗せ自転車の歩道走行の可否を考えるとき、高齢者についても同時に語られることが多い。現状では、一三歳未満の子供、七〇歳以上の高齢者と身体の不自由な人は、自転車通行可であろうがなかろうが、歩道走行ができることになっている。

一三歳未満の子供、すなわち小学生が歩道走行というのは認められていいだろう。もちろん、歩行者優先という大原則を遵守するという前提であるが、それには学校などにおける安全教室の受講など、定期的な自転車教育が必須だ。事故を起こしてしまったら、たとえ小学生でも民事責任を負う（実際には親が賠償金を支払う）ことになる。

もっとも、十把《じっぱ》一絡《ひとから》げに一三歳未満とはいうが、六歳の小学一年生と一二歳の六年生では体格も体力も相当異なる。私の近所でも、試合の終わった野球チームの小学生たち、おそらく五年生か六年生だろうが、彼らが大挙して歩道を自転車で走ってくるのを避《よ》けるのにはかなり危険を感じる。

外国では、たとえばドイツで歩道走行が認められるのは八歳未満と定められている（疋田智、小林成基《しげき》『自転車はここを走る！』）。また、二〇一二年春に日本で公開されたフランス映画『少年と自転車』を観たら、小学校高学年とみられる少年がきちんと車道の右側（フランスのクルマは右側通行）を走り続けていたのには感心した。交通量の違いなど条件は異なるが、日本でも一〇歳を過ぎれば車道走行へ移行できるのではないかと思う。

安全教育というと、日本では危険なことばかりを伝えて、「これは危ない」「ここは危険」という話だけで終わってしまう。自転車に限らず、クルマの免許取得の際の教習所や免許センターでもこれは同じだ。大人はそれでもいいかもしれないが、子供にとってはむしろ、「どう走れば安全か?」、さらに「どう走ればかっこいいか?」という視点のほうが効果が高い（後に紹介するイギリスでは、「やるべきこと（Do）」と「やるべきではないこと（Do Not）」が併記されている）。叱《しか》るよりほめて伸ばせ、と教育現場で言われて久しいが、ダミー人形やスタントマンを使って事故を再現するだけでは子供たちは萎縮《いしゅく》するばかり。さらには「校則は破るためにある」のごとく、なにかしらの抜け道を探したがる子供も出てくる。

一方、老人に関しては、歩道走行を認める意義や意味を感じない。自転車を運転するということは、すなわち相応の運動能力が備わっているということである。年齢を重ねることで、運動能力が劣化していくことは仕方のないことだが、自転車を運転できるかどうかは、各自で判断すべき問題であり、車道走行も無理なようであれば、残念ながら自転車に乗ることを断念すべきだろう。

クルマの場合、高齢者運転者標識、いわゆる「四つ葉マーク」が法制化され、七〇歳以上のドライバーはこのマークを車体に貼《は》る義務があるが、法律的に何か免除されるというわけではない。一方通行路の逆走や駐車禁止場所での駐車が高齢者に限って認められているわけではないのである。

平均寿命がどんどん延びているこの日本で、今や七〇歳といっても〝老人〟とは限らない。のろのろ走る若者をロードバイクでスイスイ抜かしていくようなシニアレーサーが増えている昨今、高齢者という理由だけで歩道走行を認可する理由が、私には見つからない。

茅ヶ崎のママチャリは車道を走る

ママチャリの歩道走行について考えるとき、私は神奈川県茅ヶ崎で見た光景が忘れられない。

ＪＲ茅ヶ崎駅の北側に自転車レーンのある道路、県道四五号線がある。車道の左端に青くペイントされた路面が、大型ショッピングセンター前の交差点から円蔵交差点まで、お

茅ヶ崎の「車道走行」風景

よそ九〇〇メートルにわたって続いている。そこを取材しながら走っていたとき、数台のママチャリが通過するのを見た。目を凝らしてみると、子供もちゃんと乗せている。歩道走行する自転車が少なくない中、ママたちは車道を選んで走っているのだ。

なぜ車道を走っているのか、個々にインタビューしたわけではないが、一番の理由は、自転車レーンがきっちりと敷設されているからこその安心感があるからに相違ない。

驚いたことに、自転車レーンが途切れて歩道に迂回させせられるポイントでも、ママたちはそれを「無視」して車道を走り続けていた。レーンが歩道上に誘導されるポイントがあり、私は律儀にその指示に従っていたのだが、ママたちは悠然と車道を直進して行ってしまった。歩道に上がれば、そのときに受ける衝撃や、転倒の危険もある。車道を通行し続けたほうが安全だということを、ママたちは本能で理解している。

路幅やクルマの交通量は、エリアや道路によってそれぞれ異なる。茅ヶ崎のような自転車レーンを設けたとしても、子連れママチャリが必ず車道に下りてくれるとは限らない。だが、柵や歩道で物理的に車道との間が分離されていなくても、路面のペイントだけでママチャリが進んで車道走行してくれる可能性を、茅ヶ崎の自転車レーンは示唆している。

4　現代サイクリング事情

自転車が通れる「しまなみ海道」

英語の「サイクリング」は単に自転車を漕ぐというだけの意味だが、自転車での遠出や観光というニュアンスが日本語では昔から強い。ここまでは都市の自転車環境や問題点を考察してきたが、日本におけるサイクリング環境も、近年少しずつ変わりつつある。

個人的な思い出で恐縮だが、私の初サイクリングは中学生のとき、友人のM君が誘ってくれた東京から千葉県の富津《ふっつ》までの往復だった。川崎から木更津《きさらづ》までフェリーで渡ったこの旅は、自転車好きだったM君がすべてを仕切ってくれて実現したものだった。

その後、私は自宅周辺の買い物くらいにしか自転車を使わなくなった。東京都心部に住み、足といえば鉄道という生活が当たり前になっていた。特に高校、大学時代は自転車に乗った記憶がほとんどない。

四〇代も後半になった今、焼けぼっくいのごとくサイクリング熱がぶり返してきたのは、通勤に自転車を使うようになったこともあるが、折りたたみ自転車「ブロンプトン」を手に入れたことに起因するところが大きい。この自転車については後述するが、たたんだ自転車を鉄道に載せて旅する「輪行」が私の行動範囲を格段に広げてくれたのである。

折りたたみ自転車を連れて行った中でも印象深いのが、瀬戸内海の通称「しまなみ海道」だ。自転車乗りにも人気が高いこのルートは、広島県の尾道《おのみち》と愛媛県の今治《いまばり》を結ぶ全長約六〇キロメートルにわたり、瀬戸内海に浮かぶ島と島の間に架けられた橋で両地点の間を自転車で行き来できる。レンタサイクルもあり、どのステーションでも乗り捨てできるので、気軽に自転車旅を楽しめる。

しまなみ海道のサイクリングロード

特に橋の上を走りながらの瀬戸内海の眺望は、ここでしか味わえない。というのも、本州と四国を結ぶ橋のうち、自転車が通れるのはここだけだからだ。

それまで私も知らなかったのだが、淡路島《あわじしま》を経由する明石《あかし》海峡大橋、鉄道橋も並行して架けられている瀬戸大橋は、クルマやバイクでないと渡れない。このふたつの橋は高速道路扱いで、自転車や一二五cc以下のバイクは門前払い。これは、二〇一二年にオープンしたばかりの東京ゲートブリッジなども同じだ。トンネルにしても、たとえば大阪の大阪港咲洲《さきしま》トンネルは有料道路になっており、自転車お断り。こういう橋やトンネルがあると、自転車は別のルートを回るか、輪行するか、あればフェリーを使うしかない。

しまなみ海道の場合は、車道の片側に側道が付いていて、自転車、一二五cc以下のバイク、そして徒歩でも渡れるようになっている。これはかなり画期的といえるだろう。

島に入ると自転車は下道を走ることになるのだが、なかなか自転車フレンドリーだった。ルートを示した看板や路面上のサインが随所にあり、地図を持たなくても安心して走れる。どれも小さい島ではあるが、サイクリストへの情報提供に気を遣っていることが十分うかがえる。

もっとも、区間や島によって微妙な差はあった。今治側の大三島《おおみしま》などは看板も見やすくて走りやすかったが、尾道に渡る直前にある向島《むかいしま》などは、申し訳程度に路面にサインがある程度。「しまなみ海道」と一本の道のようにはいわれるが、しょせんは県道などの地方道をつなげたものにすぎず、自治体によって対応が異なるためだ。このあたりは、後述するイギリスのナショナル・サイクル・ネットワーク（NCN）を見習って、規格やサインの統一をはかっていただきたいものである。

自転車を想定していない自転車サービス

自転車ブームに乗って、観光プロモーションの一環として自転車を前面に押し出している自治体やエリアが増えている。しまなみ海道のほかにも、徳島県の「自転車王国とくしま」など、ウェブサイトは自転車観光の情報にあふれている。

レンタサイクルも、最近は事情が変わってきた。「伝統的」なレンタサイクルは、鉄道駅やその周辺で貸し出され、自転車もママチャリが一般的だった。ところが、普及が目覚ましい電動アシスト自転車をレンタルさせるところが近年かなり多い。坂道でも負担が少ない電動アシストなら、地理条件の問題をクリアできるからだろう。

レンタルシステムも、駅前一カ所だけという従来の方式に加えて、複数カ所での貸し出し・返却ができるもの、さらに指定した場所まで「配達」してくれる会社も登場。私が名古屋で利用した「楽チンけった」というブランドは、旅行会社最大手のＪＴＢが運営しているもので、市内に何カ所かある指定ホテルまで自転車を持って来てくれる。返す場所も自由で、借りた場所と別のホテルでも構わない。もちろん、そのホテルの宿泊者でなくても利用できる。

こういうレンタサイクルを利用するたびに私は、運営する自治体なり会社なりの担当者が果たして自転車に乗ったことがあるのか、しばしば疑問を感じてしまう。

たとえば自転車道や自転車レーンがある場所はどこなのか、自転車で回るのにお薦めのルートはどこなのか、レンタサイクルの担当者がまったく知らなかったりする。

地方に行けば行くほどクルマへの依存度が高くなる日本では、レンタサイクル関係者といえども、近くのスーパーへの買い物程度にしか自転車を利用しないのだろう。ちょっと遠く、たとえば半日自転車に乗ったらどこまで行けるのか、想像もつかないらしい。せいぜい「徒歩プラスα《アルファ》」くらいの認識しかないのかもしれない。

案内所で提供されているガイドや地図も、自転車をほとんど想定していない。自転車なら一時間ほどの隣の市町村の情報はまったく提供されていないこともあった。

電動アシスト自転車も、メリットばかりではない。最初の漕ぎ出しが楽な電動アシスト自転車は子供乗せ用としては優れているが、一般の自転車と同じつもりでペダルを踏み込むと、スピードがつきすぎて危ない。

バッテリーにも限界がある。充電した電気を使い切ってしまうと、ペダルだけで動かせはするのだが、それは重たくて走りづらい自転車にすぎない。あるレンタサイクル会社のスタッフは「電池が切れても、ちょっと重くなるだけですから」と軽く言い放ったが、重くなるくらいだったら、最初からギア付きの一般自転車にしたほうがいい。もっともこれも前述通りで、町の中心部をせいぜい三〜四時間程度走る利用者だけを想定しているからだろう。

「自転車＝危険物」という先入観

鉄道に自転車を載せて運ぶ「輪行」も、にわかに人気が出てきた。何十年も前からサイクリストたちがやってきたことではあるのだが、最近は、東京駅や羽田空港のコンコースやロビーで自転車を運んでいる人の姿が週末には必ずある。

折りたたみ自転車には専用の袋をかぶせなくてはならない

ヨーロッパと違い、自転車をそのまま鉄道などに載せることができない日本では、ロードバイクなりクロスバイクなり、いわゆるノーマルな大きさの自転車は、前後の車輪を外し、小さくした上で、「輪行袋」という専用の袋に入れなくてはならない。これは、今も昔も変わらないルールだ。

折りたたみ自転車は、サイズ的に小さくなるのだから、折りたたんだ状態であれば鉄道に載せることができる。ただ、やはり専用の袋をかぶせなくてはならない、という決まりが日本にはある。関東の鉄道駅に貼られているポスターには、自転車をそのまま持ち込むのは当然のこと、分解しないで袋をかぶせてもダメ、必ず分解して専用の袋に入れないと車内に持ち込めません、とある。

某自転車雑誌の取材で大阪に行ったときの話。とある自転車輸入会社から借りたアメリカ・ブランドの折りたたみ自転車で取材をしていたのだが、輪行用の袋が用意されていなかったので、大阪市営地下鉄にそのまま持ち込むしかなかった。しかし改札口の駅員は何もとがめない。通天閣の下から堺方面に走る阪堺電車でも、自転車を折りたたんだ上でそのまま車内に持ち込んだ。許可されているのか、黙認なのか、定かではないが、大阪にははっきりしたルールがないのではないかと思われる。

日本で「輪行」という言葉を使うとき、それはあくまで遊びに行くため自転車を運搬する、という響きがある。遊ぶための道具を鉄道に載せるなどもってのほかであるが、スペースがあれば特別に許可しましょう。鉄道各社は、そんなイメージで輪行者を捉えている節がある。

特に都市部の鉄道の混雑度がきわめて高い日本では、通勤時には、折りたたみ自転車といえども車内への持ち込みは難しい。だがその一方で、自転車にだけ目くじらを立てる鉄道会社のスタンスはどうなのか？　特に折りたたみ自転車にもカバーを掛けないと持ち込みができない、というルールは納得しかねる。

一定以上の大きさの荷物に対して持ち込み禁止や追加料金の徴収があるのはやむを得ない。だが、たとえばベビーカーはどの会社でもそのまま持ち込めるではないか。大きさが問題なのであれば、ベビーカーより小さくなる折りたたみ自転車に、わざわざカバーを掛けさせるのは、自転車＝危険物という先入観にほかならない。

ＪＲ品川駅から新幹線に乗ろうとして改札口を通ったとき、警備員（ＪＲ東海の職員ではない）から声をかけられたことがある。私の折りたたみ自転車の一部が、カバーから露出しているので、完全に覆ってほしいという。たしかにカバーが少しずれてはいたが、それが危険というのなら、キャスターバッグの車輪など、一般の荷物でも事と次第によってはほかの乗客を傷つける可能性があるものはいくらでもある。自転車の持ち込みをできるだけ排除したい、という鉄道会社の頭の固いポリシーが垣間見えた瞬間だった。

このカバー掛けルールについて、「輪行＠ウィキ」というウェブサイトが、関東の主要鉄道各社に行ったアンケートの結果を掲載している。これによると、やはり「専用の輪行カバー」を使った上で、「自転車の一部が突出することなく、完全に収納される」ことが車内持ち込みの条件だそうで、部品が少しでも露出しているものは認められない、というのが大方の会社の共通見解となっている。

私が持っている折りたたみ自転車の場合、専用輪行カバーを掛けてもサドル部分は露出する。というか、サドルを取っ手代わりにして持つように設計されている。もっとも、私はこれで持ち込みを断られたことは、今のところないが。

ベビーカーも、折りたたまないと持ち込めなかった時代がある。サーフボードやスキーなど、人の背より高いスポーツ用品は認められているのにどうして？　というママたちの大合唱に鉄道会社が折れ、そのまま持ち込むことが認められたと記憶している。自転車も、利用者の増加で鉄道会社の対応を変えていくしかないのかもしれない。

近年では地方のローカル私鉄において、「サイクルトレイン」などと銘打ったイベント列車で自転車の持ち込みを可能にしたり、週末や平日の昼間に限って搭載を認めている会社もある。それはそれで結構だが、こういう企画は、赤字に悩むローカル私鉄が利用者数増加のために考えたイベントである。むしろ大都市の中心と郊外を結ぶ路線において、時間帯を区切っての自転車持ち込みや、自転車用スペースの確保、サイクリスト用車両の設定や増結などを導入できないものだろうか。

第二章　イギリスの自転車政策

1　イギリスの自転車政策の変遷

「クルマなし」オリンピック

二〇一二年夏、ロンドンで開催されたオリンピック&パラリンピックで組織委員会が特にアピールしたのは、エコロジーの側面だった。スタジアムをはじめとした競技施設の再利用はもちろんのこと、選手村の住宅への転用など、オリンピックで使われた多くの施設を大会終了後に再利用することなどで、ハードウェアにかかる費用と資材を最小限にとどめる工夫が施された。国家の威信をかけて豪華な設備を用意し、これでもかとばかりにきらびやかな演出を展開した前回の北京大会（二〇〇八年）とは正反対の考え方である。

ロンドン市長のボリス・ジョンソン氏は、このオリンピックをクルマなし大会、「カーレス（Carless）・オリンピック」と銘打った。その政策の一環として、鉄道、バス、ボートなど公共交通機関による輸送に力を入れたほか、自転車も優遇。通常は選手や大会関係者を乗せたクルマしか走れない車線、「オリンピック・レーン」を自転車にも開放すべし、という発言が国会議員から飛び出したり、またロンドン交通局は、「スタジアムへは自転車で！」と地下鉄に中吊り広告を打つほどの力の入れようだった。

「五輪期間中は自転車が最速！」ポスター

ロンドンからイギリス全土に目を広げると、全国を網羅した自転車道「ナショナル・サイクル・ネットワーク（NCN）」の設置が各地で進んでいる。各々の自転車道にはナンバーが振り当てられ、まさしく「自転車国道」と呼べるものだろう。

ロンドン・オリンピック

を機に、イギリスはさらに自転車の国としてヨーロッパ、さらには世界でその名を響かせようとしている。そのプロセスをひもときながら、日本の抱える諸問題解決のヒントを探ってみよう。

国家自転車戦略（NCS）

イギリスが国家レベルで自転車の活用を初めて謳ったのは、「国家自転車戦略（National Cycling Strategy＝NCS）」が発表された一九九六年に遡《さかのぼ》る。

ほかのヨーロッパ先進国に比べてイギリスは、従来から自転車に対する評価が極めて低く、国家レベルの計画も存在していなかった。また、自転車利用率が一〇〜一八パーセントあるデンマーク、スイス、ドイツ、スウェーデンに対して、イギリスはわずか二パーセント。この数字をなんとかして引き上げなければならない、とNCSは指摘している。たとえばドイツのミュンヘンでは、自転車の全トリップ数に占める割合が七六年で六パーセントだったが、九二年には倍以上の一五パーセントにまで上昇、同じドイツのハノーバーでも九パーセントから一六パーセントへと急増している（「トリップ」とは、たとえば自宅↓

職場を自転車や徒歩で移動すると「1トリップ」となる。これが、自宅→駅A→駅B→職場になると「3トリップ」となる)。ドイツにおける自家用車保有率はイギリスより高いにもかかわらず、自転車利用やインフラ整備に関してこれだけの差をつけられている状況に対して、忸怩《じくじ》たる思いが明確に表れている。

とにもかくにも、イギリスの自転車利用および自転車政策はヨーロッパ大陸の国々に比べてきわめて遅れており、この遅れを取り戻す誓いがNCSでは高々と謳い上げられたのだ。具体的には、一九九六年現在に対してその六年後の二〇〇二年には自転車利用を二倍に、その一〇年後の二〇一二年には四倍にする、という到達目標を掲げた上で、その実現のため、安全性の向上、道路空間における自転車のスペース確保、駐輪場の設置などを推進するとした。

個人的な経験で恐縮だが、筆者はNCSが発表された一九九六年から約一年間にわたり、イギリスに滞在した経験がある。場所はイングランド北東部のヨークシャー地方、その中核都市リーズと隣接するブラッドフォードで大学院生活を送った。だが、このブラッドフォードや、周辺部においても、自転車を見かけた覚えがない。

私が居住していたエリアはイギリスの一地方都市の中の、またその一部でしかないが、自転車を日常的に利用するという行為、習慣が当時のイギリスではなかったか、非常に稀《まれ》だったのではないだろうか。

一九九六年頃は、国家的な自転車戦略こそ存在していたものの、自転車レーンの設置などの具体的な整備は緒にもついていなかった。言い換えれば、あれからほんの一五年ほどの間に、イギリスにおける自転車環境はガラリとその様相を変えたということになる。

ナショナル・サイクル・ネットワーク(NCN)

NCSの策定から現在まで、自転車環境の整備は決して平坦《へいたん》なものではなかった。いくつもの紆余曲折《うよきょくせつ》の中、掛け声だけがむなしく響いた期間も少なくない。そのスピードは、むしろ二〇〇五年以降に急加速している。

NCSを推進する組織として設置された国家自転車戦略委員会(The National Cycling Strategy Board＝NCSB)は、不十分な組織体制からほとんど実効性のある政策を打ち出せず、二〇〇五年に「サイクリング・イングランド」という新体制に改組された。イギリス交通省の当時のウェブサイトによれば、サイクリング・イングランドのおもな目的はふたつあり、ひとつは自転車の乗車技術の向上、もうひとつは、自転車環境のレベルをほかのヨーロッパのレベルにまで引き上げるという「自転車都市（Cycling City and Towns）」計画であった。

前者では、あらゆる年齢層を対象に、昨今の自転車環境において安全に自転車を乗りこなせる技術を教育する「バイカビリティ」を二〇〇七年に開始する。自転車（バイク）の能力（アビリティ）を身に付けさせるこのプログラムは、レベル1から3まで三つの段階に分けて、子供たちに基本的な運転技術と道路走行の方法を身に付けさせるもの。同時に、すでに自転車に乗ることができる成人に対しても、法規やルールを改めて教授する講座も開催した。

後者は、通学用の安全な自転車通行帯を整備して、それを全国ネットワークの自転車国道であるNCNとリンクさせるもので、選ばれたアイレスベリー、ブライトン、ダーリントン、ダービー、エクセター、ランカスターの六都市のほか、さらに一二の都市で同様のプロジェクトを実施するとした。

「NCN」の標識（イギリス中部ストラトフォード・アポン・エイボン付近）

サイクリング・イングランドが二〇一一年に解散した後、同様の役割を担う組織として交通省は、「ローカル・サステイナビリティ・トランスポート・ファンド」を設立した。直訳すれば「地方持続的交通基金」とでもいうことになるだろうか。ロンドンを除くイギリス全国各地における自転車関連のプロジェクトへ資金を供給する新たな枠組みである。

一方、全国的な自転車道の整備に関しては、建設や運営の主体を民間団体「トラスト（チャリティ団体）」に委譲した。中でも大きなトラストは「サストランス」である。「持続性」を意味する「サステイナビリティ」に、交通の「トランスポート」を組み合わせてネーミングされたこの組織は、一九九〇年代後半からNCNの設置を担ってきた、自転車関係ではイギリス最大級のトラストになる。国なり地方自治体なりがインフラを建設し、その後の運営や管理にも責任を持つ。日本ではそれが「当たり前」「常識」といっても過言ではない。ところがイギリスでは政府でもなく、企業でもない民間団体「トラスト」がこの役割を担うことが頻繁にある。

サストランスのウェブサイトを参照すると、二〇一二年三月現在で、NCNは全国に一万三四〇〇マイル（約二万一五六五キロメートル）のネットワークを持っているが、その総距離は毎月、毎年のように延伸している。これは自転車専用の道路がそれだけあるという意味ではない。あくまで「ネットワーク」であって、それは車道上の場合もあるし、歩行者との共有空間である場合もある。自転車の通行に適しているルートを推奨しているにすぎず、NCN以外の道を自転車で走ってももちろん構わない。

サストランスのウェブサイトには、全国津々浦々にまで入り込んだNCNの全体地図が掲載されている。きめ細かいネットワークを目にすることで、多くの人々が自転車での旅行を考えるモチベーションにつながるのは、鉄道の時刻表にある路線図を見ると、あちこちに立ち寄りながらの鉄道旅行を計画したくなる心理と共通するものがある。

ＮＣＮの地図の横には、もうひとつ小さなイギリスの地図が並んでいる。こちらは一九九五年のＮＣＮだそうだが、ほとんどルートがない。ロンドンを中心とした周辺、ウェールズの一部、そしてスコットランドを横断するルート、それくらいである。すなわち、この一五年の間にネットワークが飛躍的に拡充されたことを示している。

繰り返すが、これは自転車道を新たに建設したというわけではない。既存の道路やそのほかの通行路をＮＣＮに設定したというにすぎない。だがそこには、「自転車での移動が可能である」と明確に示すことで、自転車の利用を人々に促す強い意思がみて取れる。

ロンドンの交通渋滞

序章で述べたように、ヨーロッパの中でもロンドンの人口規模は最大であるが、その一方で、公共交通機関がもっとも発達した都市でもある。

地下鉄というものを世界で初めて導入したのは、ほかでもないロンドンだが、その背景には、急増する人口を地上の乗り物だけで輸送する限界を、当時すでに感じていたからに相違ない。二〇一二年現在、ロンドンの地下鉄は一一路線。これに加えて、東京のお台場エリアを走る「ゆりかもめ」にも似た小型車両を利用し、おもにウォーターフロント地区を走る「ドックランド・ライト・レイルウェイズ（DLR）」や、近年お目見えした「オーバーグラウンド」（元々は地上の鉄道に対して「アンダーグラウンド＝地下鉄」という言葉が作られたはずなのだが、それに対して「オーバーグラウンド＝地上鉄道」というネーミングは奇妙だが、興味深い）と呼ばれる路線などによって、ロンドンの鉄道ネットワークは形成されている。

バスも忘れてはいけない。二階建ての「ロンドン・バス」は観光名物そのものにもなっているくらいだが、バス路線の細かさ、過密度においても、おそらくロンドンの右に出る都市はヨーロッパにはないだろう。

これだけ公共交通機関の供給ボリュームが大きいにもかかわらず、ロンドンの交通渋滞は激しいものがあった。片《かた》野《の》優《まさる》氏の『ここが違う、ヨーロッパの交通政策』によれば、都心を走る車の平均速度は時速一三～一五キロメートルとも言われており、一〇〇年前の馬車よりも遅いのでは、とロンドン市民が自嘲《じちょう》していたほどであった。

その理由としては、これだけの公共交通機関が存在していながら、運行をはじめとするソフトウェアが不安定であることがまず挙げられよう。

先述したように、一八六三年に開業したロンドンの地下鉄は世界最古であるが、システムも旧態依然としたまま二一世紀を迎えてしまった。特にサークル・ライン（環状線）やディストリクト・ラインなど、一九世紀に建設された路線では遅延や運休が頻繁に起こる。乗車中に行き先がいきなり変更されたり、「この駅で運転打ち切り！」というアナウンスで有無を言わさず途中駅で降ろされたりした経験は、在住者のみならず、観光客にもあると思う。

そしてバスは、道路の大渋滞にことごとく巻き込まれ、時刻表があってもないがごとし、という状態。地下鉄やバスの信頼性低下が自家用車利用を増加させ、それがまた交通渋滞を深刻化させる、という負のスパイラルにロンドンは陥っており、その経済的損失は一週間で二〇〇〇万ポンドから四〇〇〇万ポンド（当時の価額で三億八〇〇〇万円から七億六〇〇〇万円）にも上るという試算を、片野氏は紹介している。交通渋滞の拡大防止と緩和は、ロンドン市当局にとって喫緊の課題とされていたのだ。

「渋滞税」の新設

二〇〇〇年五月、ロンドン市長に就任したケン・リビングストン氏は、渋滞緩和策の決定打として、同年七月に「コンジェスチョン・タックス」、すなわち「渋滞税」を新設する市長案を発表。市議会の可決を経て、二〇〇三年二月にイギリス史上初となる渋滞税が施行されたのである。

都心部に流入するクルマに対する課金を世界でいち早く導入したのはシンガポールで、一九七五年に「エリア・ライセンシング・システム（ALS）」というネーミングで登場。朝のラッシュ時に限り、事前に購入した許可証がフロントガラスに貼られたクルマのみ都心部への進入を許された。一九八〇年代半ばに大学のゼミで交通関係の勉強をしていた私は、渋滞緩和策のひとつとして、参考書や関連図書には必ずといっていいほどALSが紹介されていたことを覚えている。

シンガポールの場合は、国土が極端に狭いという特殊な地理的条件もあり、都心部への入口に料金徴収ゲートを設けることが比較的簡単にできたようだ。この制度は、形を変えながら現在も実施されているが、クルマの輸入関税（シンガポールではクルマを生産していないので、一〇〇パーセントが輸入車）が本体価格の五倍と高額なこの国では、クルマを所有する富裕層にとってその課金額はほとんど負担にならない。

シンガポールと海をはさんだインドネシアの首都ジャカルタでは、三人以上乗車していないクルマの都心部への進入を禁止する措置が取られている。ところが、その規制エリアの入口に子供たちが立ち、小遣い稼ぎに同乗者を装う、という抜け道が横行した。

フィリピンの首都マニラでは、ナンバープレートの末尾番号によって都心に入れる曜日を決める「カラーコード」という制度があるが、お金持ちはそれぞれ末尾の違うナンバーを付けたクルマを五台購入し、毎日乗り換えているという。都心部のクルマへ課金しようとする交通当局と、なんとかしてクルマを使おうとする利用者との間でのイタチごっこは、世界中の都市で繰り返されてきている。

ロンドンでも、クルマへの課金が議論の俎上《そじょう》に上げられては、消えていった。J・プーカー、C・ルフェーブル『都市交通の危機』によれば、混雑緩和策として自転車の活用が訴えられたことがなかったわけではなく、一九八〇年代当初、ロンドン市当局は全長一六〇〇キロメートルにもおよぶ自転車道路の建設計画を開始した。また、交通省は一九八六年にベッドフォード、ケンブリッジ、カンタベリー、ノッティンガム、ストックトンに都市自転車ルートのネットワーク計画を提案したものの、予算削減のためにまったく達成されなかった。この間、イギリスではクルマ（自家用車）の利用だけが増え、公共交通機関のみならず、徒歩や自転車の利用も低下し続けたが、民間の経済活動に行政が介入することを拒んできた伝統を受け継ぎつつ、クルマに対する法律や規制を避けてきた。課金政策はあくまで「最後の手段」であり、うかつに導入すべきではない、というイギリス人ならではのメンタリティも強かったという。

クルマと自転車の交通量が逆転

こういった逆風の中、リビングストン市長が渋滞税の導入を断行したのは、都心部の交通混雑が手の施しようもないほどひどかったことに加えて、近年のトレンドであるエコ、すなわち環境に対する意識の高まりによって、何らかの措置をすぐに実行すべし、というロンドン市民の醸成されたコンセンサスにも支えられていたはずである。

渋滞税が導入された二〇〇三年二月当初、その対象エリアは、バッキンガム宮殿、「ビッグ・ベン」のある国会議事堂、大英博物館などの観光地を含む二一平方キロメートルだったが、二〇〇六年には映画の舞台として知られるノッティング・ヒル、そしてケンジントンなどのショッピングエリアにも拡大され、その面積は当初のほぼ倍となる。このエリアに平日の朝七時から夕方六時三〇分までに進入するために必要な額は、二〇〇三年当初で一日五ポンド。二〇〇五年には八ポンドに値上げされた。バスやタクシーはこの渋滞税の対象から外れており、またエリア内の住人には割引もある。

それ以外の一般車両が規制エリアに入る場合、事前に渋滞税を納入しなくてはならない。支払いは、郵便局やコンビニのほか、ネットでもできるので、当日でも難しくない。一カ月、一年といった定期利用に対しては割引料金が適用されるので、長時間、長期間規制エリアを通行したほうが、お得感は高い。一方、税金を払わずに規制エリアに入れば、後日、罰金通知が自宅に舞い込むことになる。

ちなみに、この渋滞税はナンバープレートを監視カメラで撮影することでチェックされている。約七〇〇台のカメラが規制エリアの入口に設置されていて、税金を払ったクルマかどうか、照合されているのだ。個人の移動を当局に監視されるのは気持ちのよいものではないが、アメリカの最大の同盟国でもあるイギリスは、常にテロの脅威にもさらされており、治安目的という意味合いもあるらしい。

事実、二〇〇五年七月には、地下鉄やバスを狙った同時多発テロにより公共交通機関が一カ月の間ストップした。通勤手段を奪われた人々は急いでクルマのハンドルを握ろうとしたが、今度は道路が渋滞の嵐に巻き込まれる。空を仰ぐばかりのドライバーの脇《わき》を悠々とすり抜けていった自転車は、相当魅力的に映ったに違いない。

この状況は日本の東日本大震災直後ときわめて似ているが、自転車に乗り始めたロンドン市民は、二度と地下鉄には戻ってこなかった。運行が再開される前から遅延や運休にうんざりしていたこともあり、自転車の威力と魅力から離れられなくなっていたのだ。

NPO法人自転車推進活用研究会（自活研）の小林成基事務局長が提供してくれた、イギリスのトラスト「サイクル・イン・ザ・シティ」のデータによると、テムズ川に架かるロンドン橋を七〜一〇時の間に北へ渡る交通量は、一九九〇年には自家用車が二二〇〇台、自転車が三二〇台であった。二〇〇三年に渋滞税が施行され、その翌年の二〇〇四年になると、自家用車が一一〇〇台と半減する一方、自転車は六〇〇台以上と倍増する。二〇〇五年のテロ事件を経て、二〇〇六年にはついにクルマと自転車の数が逆転し、自転車が約一〇〇〇台、自家用車はその半分の五〇〇台にまで落ち込んだ。二〇一〇年になると自転車は一六〇〇台弱、自家用車は約六七〇台で、その差は開くばかりとなっている。

また、前出の『ここが違う、ヨーロッパの交通政策』によれば、渋滞税導入二年後の二〇〇五年二月、ロンドン市は、規制エリア内の交通量は一五パーセント、渋滞は三〇パーセント減少し、さらに二年後の二〇〇七年には、交通量の減少が二一パーセントにも達した、と発表している。

保守党の市長が打ち出した、ふたつの大プロジェクト

ロンドン、いやイギリス史上画期的な渋滞税を実施したリビングストン市長だが、二〇〇八年五月の市長選挙で敗北した。彼が打ち出した課税システム改革――トヨタ・プリウスのようなエコカーを課税対象から外す一方、ポルシェ、メルセデス、ＢＭＷなどのうち

高級車カテゴリーに属す車種に対しては、二酸化炭素の排出量の多さを理由に一日当たりの税金を八ポンドから二五ポンドに大幅値上げする、という発表が最大の敗因だとされる。

代わってロンドンのトップに収まったのは、保守党のボリス・ジョンソン氏。労働党のリビングストン氏が敗れ、保守党政権が誕生したことで、ロンドンの渋滞緩和政策は急減速するのでは、という下馬評も立ったようだが、実際は反対だった。

渋滞税の八ポンド据え置きを公約に掲げたジョンソン氏は、たしかにそれを実行に移したが、ロンドンを世界でトップクラスの「自転車都市」とすべく、交通インフラの大幅な改良に乗り出したのだ。その目玉が「サイクル・スーパーハイウェイ（CS）」とシェア・サイクル、通称「ボリス・バイク」である。

CSは、ロンドン周辺部から中心部に向かって設定された自転車レーン。「スーパー」やら「ハイウェイ」やら、ずいぶんと壮大な建造物を想像しかねない単語が使われているが、一部、縁石などで車道との間を仕切った専用道もあるものの、多くの区間は車道の左端の路面を塗装して自転車専用にしている「自転車レーン」にすぎない。レーンの設置さえなく、車道上にマーキングが施されているだけの部分もある。それがなぜ「スーパーハイウェイ」などという仰々しいネーミングを頂いているのかは、ウェブサイトにも掲載されているルート図を見れば一目瞭然《いちもくりょうぜん》だ。ロンドン周辺部からいくつものCSがほぼ一直線に都心へ向かっている。そこには「クルマの交通量を配慮して」とか「地元商店街の理解を得られるように」とかの躊躇《ちゅうちょ》や遠慮は皆無。単純な最短距離、すなわち、自転車の通行空間にもっとも高い優先権が与えられていることがわかる。

一方シェア・サイクルは、お隣フランスのパリに導入された「ベリブ」に刺激されて、ロンドン市内約四〇〇カ所に「ドッキング・ステーション」が設置された。登録すれば、二四時間、どのステーションでも借り出し、返却が可能だ。

CSとボリス・バイクは、ともに「バークレイズ」という冠が頭に付き、それぞれ「バークレイズ・サイクル・スーパーハイウェイ」「バークレイズ・サイクル・ハイヤー」というのが正式名称だ。これはイギリスの大手金融機関「バークレイ銀行」のことで、このネーミング・ライツ（命名権）が資金の一部として使われている。シェア・サイクルにはバークレイズのロゴが入っているし、ブルーの車体も同社のコーポレート・カラーになっている。

日本と異なり、イギリスには屋外広告に厳しい制限がある。華美な看板やネオンが認められているのはシティ・センター（ショッピング街）の一部だけ。企業が宣伝できる空間は非常に少ないので、シェア・サイクルや自転車道に命名権を得ることは相対的に大きな露出となり、企業イメージのアップにつながることが期待される。

クルマ社会から自転車大国への転換を象徴する仕上げとも言えるふたつの大プロジェクトを、現地ロンドンで体験してみた。

2　自転車は鉄道に乗って

「鉄道車両に自転車を載せることができる」のは常識

「ここでは、自転車をそのまま鉄道に載せられるんだよ」

中央ヨーロッパのある国に長期滞在していた日本人の知人からそう聞いたのは、もう二〇年近く前のことである。たしかに私も、電車の中に自転車が一台まるまる載っている光景をその国の駅で何度か見た。経済力は日本の半分以下、すすけた街並みが広がる国ではあったが、人々は夏休みともなれば古ぼけたクルマの屋根に自転車を積み、湖畔の別荘を目指した。週末には電車に自分の自転車を載せ、郊外へ。生活の豊かさは必ずしも経済力に比例しない。彼はため息混じりに語った。

せいぜい自宅から駅までの往復に自転車を使うくらいの生活を日本で送っていた私にとって、自転車を鉄道に載せる具体的なメリットは判然とはしなかった。が、この国だけではなく、鉄道車両に自転車を載せることができるというのは、かなり昔からヨーロッパでは常識だったようだ。

イギリスだけがそうなのか、ヨーロッパでも国によって事情がそれぞれ異なるのか、私にはわかりかねるが、年に一、二度イギリスを訪問するようになってから、鉄道の中に自転車がにわかに増えたなあ、と感じるようになったのは二〇〇五年前後のことだ。

土日、郊外へ向かう列車にマウンテンバイク・タイプの自転車が乗ってくる。ドア付近やデッキなど、多少は気を遣っているようだが、あんな大きなものを載せて乗客から苦情が来ないのかどうか、余計な心配をしてしまう。ところが最近は、ホリデーメーカー（旅行者）のみならず、平日に都心部で自転車を載せてくる人が目に付くようになった。

たとえば、ロンドンの大ターミナルのひとつパディントン駅。オックスフォード、ブリストルといった中核都市からの列車が到着するたび、そこから吐き出される人の波の中に、自転車をぶら下げている人が必ず何人かはいる。スーツ姿の男性は、右手にビジネスバッグ、左手に自転車、というでたち。改札を抜けると、コンコースで手際よく自転車をセットし、そのままサドルにまたがって出口から去っていく。

フルサイズの自転車も載せられる

この自転車こそ「ブロンプトン」であった。

折りたたみ自転車は、ほぼすべての交通機関で持ち込み可

ブロンプトンはイギリスの自転車メーカーであり、国際分業が常識化した昨今では珍しく、イギリス国内で生産されている。

朝、ロンドンのターミナル駅では、コンパクトに折りたたまれたブロンプトンを組み立てている姿があちこちで見られる。ほぼ正方形にたたまれたフレームが、ほんの数十秒で自転車に変身していく。そのギミック（仕組み）を見たときから私の頭はブロンプトン購入計画で一杯になり、数年後には入手してしまった。

イギリスではなぜブロンプトンばかりなのかというと、それは自転車の車内持ち込みルールに起因している。ロンドン交通局のウェブサイトによると、

○地下鉄

• 折りたたみ自転車（ここでは折りたたんだ状態を指す）＝常時搭載可

• 一般自転車（折りたためない、いわゆる普通の自転車）＝限定された路線において、平日の

七時三〇分～九時三〇分および一六～一九時以外は搭載可
ロンドンには、東京の山手線のような環状線「サークル・ライン」があり、この内側が、いわゆる「都心部」になるが、サークル・ラインの内側にある地下鉄路線では、一般自転車の持ち込みは常時禁止されている。

○バス
• 折りたたみ自転車＝ドライバーの裁量により搭載可
• 一般自転車＝不可
折りたたみ自転車は、車椅子や大型の荷物に準じる扱いになるようだ。

○ドックランド・ライト・レイルウェイズ（DLR）
• 折りたたみ自転車＝常時搭載可
• 一般自転車＝不可

○オーバーグラウンド（地上鉄道）
• 折りたたみ自転車＝常時搭載可
• 一般自転車＝限定路線および限定時間帯で搭載可

○船
- 折りたたみ自転車＝常時搭載可
- 一般自転車＝常時搭載可

テムズ川を行き来する船には、普通の自転車も積める。

○コーチ（中長距離バス）
- 予約時に確認

○トラム（路面電車）
- 折りたたみ自転車＝常時搭載可
- 一般自転車＝不可

これでおわかりのように、ロンドンでは一般自転車の車内持ち込みにさまざまな制限がある。その一方で、折りたたみ自転車なら、ほぼすべての交通機関で路線、時間帯を選ばずに車内持ち込みができるのである。ブロンプトン人気は、そんな事情が大きく影響している。

もちろん、折りたたみ自転車であればメーカーはどこでもよく、ブロンプトンである必要はない。私とて、ブロンプトンの宣伝マンでもなければ、広告料をいただいているわけでもない。だが実際、イギリスでブロンプトンだけが目立つのはどういうわけだろう。

理由として考えられるのは、流通の関係からか、ほかのメーカーのラインナップが自転車店に少ないこと、日本のホームセンターにおいてあるような一〜二万円の折りたたみ自転車は見当たらないこと、そして、たたんだときのサイズが抜群に小さいこと、などが挙げられると思う。

ロンドンの「輪行通勤」

イギリス（というか英語）に「輪行」という名詞はない。また、鉄道に自転車を載せている人のうち、通勤者と旅行者がそれぞれ何パーセント、というデータを私は持ち合わせていないが、平日の朝夕に関しては、通勤の輪行が多数を占めることは間違いない。

治安のあまりよくないロンドン中心部を避け、郊外に居を移した彼らは、朝、自宅から自転車で最寄りの駅まで行く。ホームの上で自転車を折りたたんで車内に持ち込んだ後、シートでは車内販売のコーヒー片手に新聞でもスマートフォンでも見ながら過ごす。ロンドンのターミナル駅に到着したら、ホームに降りるなり自転車を組み立て、颯爽《さっそう》とロンドンの町の中に消えていく。

日本では、このような「輪行通勤」をしている人を、見たことも聞いたこともない。いわゆる「ツーキニスト」というのは、自宅から職場まで自転車で直行する人のことであるし、そもそも自転車を通勤電車に載せようという発想もない。

特に東京や大阪などの大都市では、郊外から都心部に入る通勤電車はかなり混雑しているので、たとえブロンプトンのような折りたたみ自転車でも、車内に持ち込むことは躊躇される。特に東京は、混雑を理由に女性専用車の導入も他都市よりかなり遅れたくらいだから、通勤時の自転車などもってのほか、というスタンスだろう(もっとも、いくら混雑していても自転車の持ち込みを規制するルールはないが)。

ロンドンの輪行通勤を東京でたとえるなら、大宮、柏《かしわ》、船橋、八王子《はちおうじ》あたりから都心部の職場に通う、というイメージだろうか。大宮から東北本線で通勤する人は、とりあえず終点の上野で下車するが、その先は山手線や地下鉄に乗り換えて会社の最寄り駅に向かう。

ロンドンで、この山手線や地下鉄の部分を自転車に換えた人が、折りたたみ自転車の購入層だとみられる。パディントン駅、ユーストン駅、ビクトリア駅などのターミナル駅から地下鉄やバスに乗り換えていた人たちが、混雑を嫌い、部分的な自転車通勤、つまり輪行通勤にシフトしたのだ。

日本でこれをやろうとしても、混雑の度合いがロンドンと比較にならないほど高いこともあり、実現は難しい。前の例だと、大宮からの東北本線、京浜《けいひん》東北線、埼京線、柏からの常磐《じょうばん》線、船橋からの総武線、八王子からの中央線は、いずれも殺人的なラッシュである。

可能性としては、東京や大阪ほど混雑がひどくない地方都市とその周辺で、現在はクルマ通勤も多いような場所であろうか。鉄道＋自転車のほうが便利で早い、ということが証明されれば、職場へクルマで行き来している人へも輪行通勤のメリットをアピールできる。

列車は、自転車を積み終わるまで待っている

ロンドンのほぼ真西にレディングという都市がある。先ほど紹介した、ロンドン・パデ

イントン駅から特急で二〇分ほどの距離にあり、ロンドンのベッドタウンということになろうか。パディントン駅からブリストル、バース、オックスフォードなどに行く列車も必ず停車する、交通の要衝でもある。このレディングにかつて、私の友人であるアイリーンさんが住んでいた。大学と大学院で日本語を専攻し、原文で専門書を読めるほど日本語に通じている彼女は、長い間デビッドさんという恋人と一緒に暮らす「事実婚」カップル。

イギリスでこのアイリーンさん宅に何度か世話になったことがあるのだが、デビッドさんは、勤務先のロンドンにある有名IT企業まで自転車で通っているのだという。いくら健脚でも、レディングからロンドンまで自転車を漕ぐなんて、とても信じられない。聞くと、レディング駅からロンドン・パディントン駅までは輪行しているというのだ。

彼らの家は、レディング駅からタクシーで一五分ほどと、ちょっと不便な場所にあった。バスもあるらしいが、本数の少なさなどもあって、使い勝手が悪い。そこで彼は、通勤の両側で自転車を使い、その間を鉄道で結ぶことにしたのである。

私も朝、レディング駅で列車に乗るために待っていたところ、プラットホームの上には何台もの自転車の姿があった。ロンドン方面への特急列車は一〇〜一五分ごとにやって来るが、そのたびに自転車の大移動が始まる。

この特急列車の場合、折りたたまない普通の自転車には、専用のスペースが用意されている。日本の旧国鉄にも昔あった「荷物車」のような車両で、一部に座席がなく、がらんどうになっている。そこに自転車だけ積み込み、人は座席のほうに座るようだ。

自転車運搬車両の停車位置はホーム上に表示があるのだが、みんなそれに気がつかないのか、列車が到着すると、あっちだこっちだと自転車ごとホーム上を動き回る。ホームの上ではペダルは漕げないから、押して行かなくてはならない。イギリスの鉄道のホームにある「乗車目標」の表示は、日本ほど細かくない。日本人は、降りる駅のエスカレーターに一番近いドアとか、比較的空いている車両とか非常に気にするが、イギリス人はそういうことに無頓着《むとんちゃく》で、地下鉄だろうが特急列車だろうが、いつも適当な場所で待っている。

しかし、ホーム上をあたふた動き回るサイクリストを、列車は決して置き去りにしない。発車時刻が過ぎていても、自転車（もちろん人間も）を積み終わるまで待っていてくれる。

万事がこうだから、イギリスの鉄道は常に遅れるのだが、乗ろうとする人や自転車を置いてけぼりにしてまで時刻表を守るべきか、多少の遅れには目をつぶって、みんなを乗せ

レディング駅の自転車積み込み風景

るべきか、望ましい社会はどちらなのだろう。

日本ほど交通機関が時間厳守の国は、おそらくほかにないだろう。鉄道やバスが遅れるのは、いわゆる発展途上国だけと思っている人は多いかもしれないが、イギリスをはじめとする欧米先進国でも、時刻表通りに発着することは稀だ。乗客のほうも、公共交通機関とはそういうものだと認識している。

自転車とともに乗り降りしようとすれば、余計な時間がかかるのは必至。公共交通機関が、いや、社会全体が時間に対していま少し寛容にならないと、日常的な輪行を実現するのは難しいかもしれない。

自転車持ち込みには批判の声も

国の自転車推進政策や国民のニーズの高まりにより、イギリスではほとんどの通勤列車や郊外線で自転車の持ち込みができるようになっている。もちろん、折りたたみも分解も必要がない。ただし、車両と台数が決められていて、ドアの横などにアイコンが描かれている。

イギリスの鉄道は、ウェブサイトでほとんどのきっぷが予約できるので、私も大いに利用している。最近そのサイト上に、持ち込む自転車の台数を入れるチェックボックスができた。人間と同様、ここで自転車のスペースも予約しておける。

だが、自転車の台数が多すぎて乗れない、という場面を私自身は見たことがない。指定のスペースが一杯でも、その隣のドアの横に置かせてもらうとか、臨機応変に対処しているようだ。車内検札に回ってくる車掌も、指定外の場所に置かれた自転車を特にとがめる様子もなかった。

自転車どうしのスペースの取り合いでトラブルが起きるなどということは皆無と思いたいが、その点、ブロンプトンをはじめとする折りたたみであれば、気兼ねはまったく不要だ。折りたたみの場合、搭載可能自転車の数にはカウントされない。車両の両側、中央付近などにある荷物棚にそのまま載せられるので、ほかの乗客の邪魔にもならない。自国の製品だからというだけでなく、具体的なメリットの大きさで、ブロンプトンは本国イギリスでも支持されている。

一方、ほかの乗客は自転車の社内持ち込みをどう見ているのだろうか。

地下鉄の駅などで配布される老舗《しにせ》フリーペーパーの『メトロ』を読んでいたら、自転車の車内持ち込みに対する読者からの批判が掲載されていた。

「環境に配慮したつもりで自転車に乗るのなら、鉄道に載せたりせず、最初から最後まで自走すべきだ！」

「信号無視、歩行者妨害など、最近の自転車の傍若無人ぶりは目に余る。そんな輩《やから》に、車内の狭いスペースを与える必要はない！」

自転車の積み込みがポピュラーになってきたとはいっても、ただでさえ狭い車内に泥の付いたタイヤむき出しの自転車が乗り込んでくることへの批判の目もかなりあるようだ。だが、速度で勝る鉄道と小回りに優れた自転車のコラボレーションに味を占めた人々が、慢性的な遅延が常態化したロンドンの地下鉄やバスに再び乗り換えることはないだろう。

3　サイクル・スーパーハイウェイ実走記

違和感のない車道走行

最近のロンドンには、路上のあちこちに自転車レーンが見られる。交差点では、クルマの停止線の前に自転車用停止線が設置され、通勤時間帯には青信号に変わるや否や自転車の大群がまず飛び込んでくる。視線を上げれば、そこには自転車レーンで行ける地区を記した表示板が点在し、行政によるサイクリストへのサービスは年々向上しているようだ。

そんな中、とりわけ注目されているのが先述した「サイクル・スーパーハイウェイ（CS）」だ。計画中も含めて一二ルートあり、一から一二までナンバーが振られている。これが単なる自転車レーンではなく「ハイウェイ（国道）」であるというメッセージを強く発信しているように思える。

最初に開通したCSは、二〇一〇年七月にオープンした三号線と七号線の二路線。翌年には二号線と八号線も利用が開始され、二〇一二年三月現在で計四路線となっている。さらに同年一〇月には五号線と一二号線が、残る六路線は二〇一五年開通予定ということだ（当初はそう発表されたが、二〇一二年一一月現在、五号線も一二号線もまだ開通していない）。

二〇一二年初夏、オリンピックを間近に控えたロンドンでCSを走る機会を得た。

まず、観光地としても有名なロンドン塔からやや北に上がった地下鉄オルゲート駅から東に延びるCS二号線。ホワイト・チャペル通りから始まって終点のボウ地区まで、ほぼ一直線に設置されている。全線にわたって車道上に設置されていて、レーンの有無を除けば、東京で走っているのと比べて違和感がまったくない。すぐ脇を二階建ての「ロンドン・バス」がかすめていっても、恐怖感はまったくなかった。バスが停留所で停まっている場合は右側から追い越すよう、路面にもCSのペイントが描かれている。

二号線の東端にあるラウンドアバウト（ロータリー）では、青信号で同時にラウンドアバウトに進入した自転車を左折トラックが巻き込む事故で二人のサイクリストが立て続けに死亡。「死の交差点」という不名誉な見出しが新聞やテレビに躍った。その対策として、二〇一二年六月に自転車専用信号が設置され、自転車信号のほうを数秒先に青にして流し、その後でクルマを進入させる方式がとられた。ＣＳも完璧だというわけではなく、試行錯誤が続いている。

二号線の南側でほぼ平行しているのがＣＳ三号線。前記のロンドン塔からテムズ川沿いに東へ延びているが、かなりの部分が自転車専用道で、車道からも歩道からも分離されていること、そして専用道上では対面通行区間もあることが特徴だ。専用道部分は車道よりは高い位置に設置されているが、歩道との間にわずかな段差をつけることで、歩道と分離されている。

対面通行なので、向こうから自転車が来ると、すれ違いはギリギリだ。車道と分離されている安心感はある代わり、速度を抑える必要がある。実際、子供乗せトレーラーを引っ張ったお母さん自転車とすれ違ったとき、私はそれを避けるために歩道に乗り上げてしまった。

「死の交差点」と揶《や》揄《ゆ》されたCS2号線の事故多発地点

住宅街に入り込むCS

二号線と三号線が東西を結んでいるのに対して、CS七号線と八号線は南北に延びている。七号線は地下鉄ノーザン・ラインの終点からふたつ手前のコリアーズ・ウッド駅付近から始まって、テムズ川に架かるサザーク橋まで導いてくれる。

その途中のバラム地区から走り始めてみると、レーンを塞ぐ違法駐車が少なくない。「荷物の積み降ろしに限り二〇分まで可」という標識の真下で、とても配送とは思えない高級乗用車が駐車したりしている。東京と同じように右側をパスして行かざるを得ないが、細かい取り締まりにまでは人手が届かないという事情は、桜田門（警視庁）でもスコットランド・ヤード（ロンドン警視庁）でも共通した悩み、というところだろうか。

七号線の見どころは、エレファント&カースルの巨大ラウンドアバウトの裏を回す「バイパス」である。イギリス全土にあるラウンドアバウトは大小さまざまで、慣れないとクルマの運転もおぼつかない。自転車もルールは同じで、放射状に延びる道に入るときだけ外（左）側車線を走り、それ以外は内（右）側の車線を回る。だが、速度に劣る自転車がクルマと同じように内側から外側へ移るのは、右折以上の勇気が必要だ。特に多車線のラウンドアバウトは、回りながら車線変更もしなくてはならず、かなり怖い。ロンドンのサイクリストたちはそれをものともせず、器用に車線を変えていくが、ロンドンに長年暮らす日本人の方でも「ラウンドアバウトだけは自転車を降りる」と話していた。

エレファント&カースルでは、ラウンドアバウトの直前で路地のような狭い道へ誘導され、これまでの大通りとは打って変わった住宅街の中をCSが走る。曲がりくねった小道が続いても、路面のペイントがサイクリストを導いてくれるので、ここが何通りなのか、

歩道を経由して横断歩道を渡るCS3号線のポイント

などと考える必要もなく、気が付くと大通りのCSに戻っていたのには舌を巻いた。

工夫されたルート設定

最後のCS八号線は、テニス大会でも有名なウィンブルドンに隣接したワンズワース地区から「ビッグ・ベン」のある国会議事堂の直前まで延びている。実際に走ってみると、このルートを設定するために担当者がどれだけ頭をひねったか、しみじみとわかる。

南端のワンズワースでは車道上のレーンで始まるが、CSの青ペイントがいき

CS7号線、エレファント＆カースルの迂回路

なり公園内に続いているのを見て目を疑った。公園といっても小さな緑地帯程度の広さなのだが、歩行者用の小道に平行してその敷地内をＣＳが貫通している（公園内のルートは三号線にもあった）。

　公園を出ると、今度は歩道上の対面通行レーンだ。都心部へ向かうためには大通りを反対側に渡らなくてはいけないのだが、信号がある場所まで歩道上で誘導し、大きく迂回させるようである。

　車道になったり歩道になったりしながら、バタシー公園からは基本的に車道上レーン。だがチェルシー橋で気が付いたのは、橋の上にはＣＳマークがない。ル

路上パーキングの右側を通行させているCS8号線

ートとしてはＣＳの一部なのだが、車線が狭いので、ここはクルマとシェアしなさい、ということらしい。

チェルシー橋を渡ると、国会議事堂のあるウェストミンスター地区へ行くために右折しなくてはならない。この交差点では、路面の青ペイントはクルマと同じように道路の中央付近の右折レーンへと自転車を導いている。歩行者と同じように二段階右折しなくてはいけない日本と異なり、一回で右折可能。これはＣＳに限ったことではなく、道路全般で認められているのだが、実際、車線を飛び越えて中央に移るのにはかなり勇気がいる。

自転車専用の右折レーンが縁石で区分されて安全が確保されている所もあるが、左端からそのレーンに移るのには相当慣れが必要だと感じた。

この難所を通過しさえすれば、観光客にもおなじみのウェストミンスター地区へテムズ川沿いのグロブナー通りを一直線。グロブナー通りでは、日本と同じような左折レーンが何カ所か現れたが、「自転車とバスは直進可」という標識があり、自転車の左端通行と左折レーンの折り合いをはかっている。これで巻き込みの危険がゼロになるわけではないが、サイクリストとドライバー双方に周知させようという当局の姿勢が感じられる。

車道でも歩道でも使えるものは躊躇なく使う

CS四本を、全区間ではないにしろ実際に走ってみて感じたのは、周辺部から都心部へ自転車の道を造る、という当局の強いメッセージである。

取材には、ロンドン交通局がウェブサイトで公開している地図を印刷して携行したのだが、これだけ見ると、CSはどれも一直線に描かれており、交差点を曲がる必要がまったくないように思える。だが一般の道路図と照らし合わせると、道路はクネクネ曲がっているし、交差点での右左折も数多い。走ってみた感想は書いた通りだが、CS二号線を除けば、かなり細かい右左折が連続しているのである。

道路が地形的にどうなっているかではなく、自転車なら一直線で都心まで行ける——。交通局が制作したCSのルートマップには、サイクリストたちへの利便性をここまで確保したという強いメッセージがにじみ出ている。「地図とは、ある目的をもったデフォルメである」とは、地図批評で有名な堀淳一氏の言葉だが、まさに、自転車通勤者に必要な情報だけを抽出すると、一直線の地図で十分なのだ。

歩道を多用したルート設定にも驚いた。「ヨーロッパでは決して歩道上で自転車に乗らない」とはよく言われていることだが、歩道の一部をCSに割譲したような区間が結構多かった。歩行者の数が少ないので可能なのかもしれないが、意外な事実である。

構造は場所によってケース・バイ・ケースで、かなり幅の広い歩道の半分程度を自転車空間として確保し、歩道との間に縁石や段差を入れて物理的に隔離するタイプもあれば、路面のペイントだけで視覚的な分離を施している区間もある。

CS以外の場所では、日本の「自転車歩行者道」よろしく、中央に白線を引いただけで自転車と歩行者を分離している歩道も見た。日本との相違は、歩行者の数、密度である。ロンドンで歩道上にCSや自転車道が設置されている区間は、歩行者の姿がほとんどない。そうであれば、双方に安全が確保されているという判断で、歩道上を選択したのだと思われる。

自転車は車道か歩道か、という議論は、ロンドン交通局や市民にとって、おそらく二の次なのだ。道路を広げたり宅地を撤去したりという物理的な変更が不可能である以上、既存のスペースを最大限に利用しなくてはならない。それが車道であっても歩道であっても、使えるものは躊躇せずに使う。それがCSという〝一直線〟を可能にしている。

地元の「自転車通勤者」たちの証言

CSを「ブリリアント！」、素晴らしいと手離しで賞賛するのは、ロンドンの広告代理店で調査やプランニングなどに携わるロブ・ドウガンさんだ。オーストラリアのシドニー出身で、五年前からロンドンで働いているロブさんは、ロードレーサーを手に入れると、さっそく自転車通勤をスタートした。

「それまでは地下鉄やバスを使っていましたが、朝夕は混雑するし、車内はなんとなく臭いし、うんざりしていたところだったんです」

地下鉄ノーザン・ラインのバラム駅の近くに住む彼は、〝愛車〟のペダルを毎朝七・五キロほど漕いで、ビクトリア駅近くの会社まで通っている。

「通勤に使っているのはCS七号線ですが、都心部への自転車環境が格段に整備されたと思います。潜在的利用者の掘り起こしにも役立つのではないでしょうか」

ロブさんのオフィスにはラフな服装の社員が目立つ。日本と同様、マスコミ関係はカジュアルな服装が許されているようだが、自転車通勤者に対しても理解が進んでいる。

「会社には屋内駐輪場、シャワー室、さらには空気ポンプなどの簡単なメンテナンス用具置き場もあります」

通勤時はサイクル・ジャージにサイクル・ショーツという専用ウェアだが、会社に着いたらシャワーを浴びて、スマートなビジネススタイルに着替える。

「ロンドンは雨が多いですけど、濡れてもシャワーを浴びれば済むことですから」

彼はまた、自分が支払っている税金の割合分だけ自転車が安く買える「自転車通勤制度」（後述）を利用している一人だ。

「この自転車は定価一八〇〇ポンドもするんですが、実際に買った値段は一〇〇〇ポンドほど。二年で減価償却したとみなされ、また新しい自転車が安く買える。こんないい制度を利用しない手はありません」

一方、ロブさんの同僚のクレア・テーラーさんは、自転車を使い始めたのは引っ越しがきっかけだったという。

「地下鉄の駅から徒歩で一五分もかかる所に移ったんですが、それなら通勤の全区間を自転車で行ったほうがいいかな、と」

地下鉄を使うと、徒歩も含めてドア・ツー・ドアで四〇分。それが自転車なら半分で済む。

「自宅から一般道をしばらく走るのですが、ここは車道上をクルマとシェアしなければならないので、朝はかなり混雑します。でも、CS八号線に出た途端に大きなスペースが確保され、かなり速く漕ぐことができますよ」

彼女の自転車は「ハイブリッド」と呼ばれているタイプ。日本では、競技用のロードレーサーとマウンテンバイクを足して二で割ったようなスタイルを「クロスバイク」と呼ぶが、イギリスのハイブリッドは、「ギア付きママチャリ」的な感じのものもある。

「スピードが出せるというだけでなく、CSに入るとドライバーも自転車に気を遣っているので、安心感が高いです」

食材を吟味した弁当を毎日持参するというクレアさんにとって、健康維持も自転車通勤の大きな動機だったようだ。長身でスレンダー、とてもダイエットが必要だとは思えない体格の彼女だが、肥満が国家的な問題となっているイギリスにおいて、その解決手段として自転車が大きな武器として期待されているのは確かである。

最後にインタビューに答えてくれたのは、日本の大学にも留学経験のあるベサン・モリス（ベティ）さん。ロンドンのトラストの非常勤職員として働いている彼女は、ちょうど家の前にCS七号線が設置されたことで、自転車通勤に切り替えた。

「それまでは地下鉄通勤でしたが、CSに目の前から乗れるとあって、さっそくハイブリッド自転車を購入しました」

イギリスの会社や団体では、社員に通勤手当は支給されない。地下鉄やバスの定期券

（シーズン・チケットやトラベルカード）もあるにはあるが、安くはない。だったら、身銭を切ってある程度の初期投資をしたとしても、自転車に軍配が上がる。

「CS上ではドライバーがサイクリストをしっかり認識してくれているので安心です。自転車を苦々しく思っているのはタクシーの運転手さんくらいかな（笑）」

ベティさんも含めて、話を聞いた三人のロンドン市民が口をそろえるのは、公共交通機関は使いにくいということ。先述したが、地下鉄が途中の駅で突然運行打ち切りになることは、ロンドンでは日常茶飯事なのだ。そのたびに乗客は、ホームで途方に暮れ、またはバスに乗り換えようと地上に殺到する。私が一〇日間ほど滞在していたときも、突然の運休が三回もあった。私は折りたたみ自転車を持ち運んでいたので近くの駅まで簡単に移動できたが、ホームに取り残された乗客は、スマートフォンの画面とにらめっこしながら必死で代替ルートを探し出そうとしていた。

ロンドンの地下鉄は旧態依然としていて、いつもどこかで運休せざるを得ない状態が続いている。線路にしろ車両にしろ、はたまた電気系統にしろ、それらを新式のものに取り替えるのに必要な莫大《ばくだい》な金額に比べれば、CSの設置費用など微々たるもの。自転車通勤者を増やし、地下鉄利用者を減らすことで苦情件数も少なくなる。ロンドン交通局の意図は、そんなところにあるのかもしれない。

4 シェア・サイクルで走るロンドン

利用開始は都心部から

ロンドンでもうひとつ話題になっているのが「シェア・サイクル」システムだ。ヨーロッパでは、フランスのパリで始められたシェア・サイクル「ベリブ」が話題になっているが、ロンドンもそれに負けじと導入に踏み切った。

シェア・サイクルは「コミュニティ・サイクル」とも呼ばれるが、市内に複数のステーションを設置し、どこからでも自転車が借りられ、どこででも返却できる。一般のレンタサイクルが、観光地など限定的なエリアで運営されているのに対し、都市部のより広い面積で大規模に行われているのがシェア・サイクルと、一般には定義されている。

先述したが、ロンドンのシェア・サイクルは、二〇一〇年七月三〇日にサービスが開始された。自転車が置かれている場所は「ドッキング・ステーション」と呼ばれ、当初は約四〇〇が市内に設置された。一方、用意された自転車は約五〇〇〇台。ハンドルの前にはゴムバンド付きのキャリアが付いていて、かばんなどを固定できる。一見ママチャリっぽくもあるが、シルバーメタリックのボディはより重厚な印象を与える。

ロンドンの中心部に急坂はほとんどないが、三段のギアチェンジが可能で、手元のチェンジレバーでシフトする。ちなみにギア・システムは、日本のシマノ製だ。

サービス開始当初、ドッキング・ステーションが設置されたのはロンドンの中心部で、地下鉄やバスの「ゾーン1」とほぼ一致する。ロンドンの公共交通ネットワークは、中心部からゾーン1、ゾーン2と外郭部へ広がり、ゾーン6が一番外側になっている。シェア・サイクルがゾーン1で始められたのは、もっとも渋滞が激しい中心部において、クルマ、鉄道、バスの利用者を自転車にシフトさせようという狙いにほかならない。

シェア・サイクルを利用するために必要な「アクセス・キー」は、姓名、住所、銀行の口座番号などの個人情報をインターネットで登録することで入手できる。ドッキング・ステーションでこのキーを機械に差し込むと、自転車のロックが解除される仕組みになっている。

サービス開始当初はこのアクセス・キーが必要だったのだが、同年一二月には、クレジットカードがあればドッキング・ステーションで即登録が可能となり、観光客などの非在住者にも利用しやすくなった。

長時間ほど割高な課金システムの理由

私がこのシェア・サイクルを初めて利用したのは二〇一一年の夏、取材でロンドンを訪れたときであった。地下鉄のボンド・ストリート駅近く、ロンドンの中でも随一のショッピング街であるオックスフォード通りの裏手にドッキング・ステーションを見つけ、恐る恐る手続きを始めた。

ステーションのディスプレイは日本語表示にも変えられるので、迷わず日本語を選択。クレジットカードを挿入して、まもなく登録は完了した。

利用料金は、三〇分以内だと無料、一時間以内が一ポンド（約一二七円）。だが、一時間半になるといきなり四ポンドに跳ね上がり、以後、二時間までが六ポンド、六時間まで三五ポンド、二四時間まで五〇ポンド。二四時間を超えると一五〇ポンドが課せられる。

こういったレンタルのシステムは、長く借りれば借りるほどお得、つまり単価が下がるのが一般的だ。ロンドンのシェア・サイクルがこの逆を行っているのは、おそらく盗難防止のためであろう。三〇分以内が無料であれば、その時間以内に自転車を返し、次の目的地に行くときにはまた別の自転車を借りるのが一番得になる。当局は、この繰り返し利用を期待しているのだ。ちなみに、自転車を返さなかった場合は、自動的に三〇〇ポンドの罰金が登録された口座（もしくはクレジットカード）から引き落とされる。

さあ、いよいよ自転車に乗るときが来た。ロンドンは何度も訪れているが、市内でシェア・サイクルに乗るのはこれが初めてとあって、身震いする。

だが、トラブルはサドルにまたがる前にやって来た。ドッキング・ステーションから自転車を引き出せないのである。書かれている手順によれば、まず自転車が入っているラックを確認し、その番号を押す。するとラックのランプが緑色に変わり、ロックが解除される。緑になっているのは二〇秒ほどなので、その間に取り出そうとするのだが、どこかに

ドッキング・ステーションから自転車を取り出す

引っかかっているようで、あっという間にタイムオーバー。するとランプが赤に変わり、また番号を押すところから始めなくてはならない。

自転車を出そうとしてはロックされ、を繰り返すこと数回。そこへロンドン在住者らしい人が自転車を借りに来た。しめた！　と思い、彼のやり方を観察させてもらう。すると、自転車を水平に引っ張るのではなく、後輪を持ち上げて車体を斜めにしてから外していた。なるほど、同じようにやってみると、簡単に取り出すことができた。これはちょっとコツがいる。

スタートから返却まで

無事取り出した自転車は、見た目に違《たが》わず、結構重い。サドルを調節して、ゆっくりとペダルを漕ぎ出してみる。目的地は、ターミナル駅のひとつ、ビクトリア駅と決めた。

まず入ったのは、ロンドン屈指のショッピング街でもあるリージェント通り。この道を南下すると、観光客で賑わうオックスフォード・サーカスに着くはずだ。ところがこのリージェント通り、一番左側の車線はバスレーンになっていて、しかもバス一台がギリギリ収まる幅しかない。路線バスのほか、何台もの観光バスが連なって渋滞し、とても横をすり抜けられないのだ。仕方なくバスのお尻にくっついてのろのろと走っていたら、今度は後方からもバス！　巨大な二階建てバスに前後からはさまれる恐怖感は、相当大きい。

渋滞もすごい。ちっとも前に進まないので、歩道を走りたい衝動に駆られるが、もちろんそれは違法。そこで自転車を降りて歩道を押して歩こうとしたところ、後ろからスーッと自転車が現れ、歩道を歩く人ごみの中に消えていった。歩道走行は禁止されているはずだが、やはりどの国にもバイオレーター（違反者）はいる。実際、歩道を走る人はイギリスでも少なくないようで、先述した子供乗せ自転車のほか、この例のように渋滞や信号待ちが面倒くさくて、つい歩道に上がってしまう。イギリスの新聞のウェブ版にも、オックスフォード市内の集中取り締まりで何人ものサイクリストが罰金を払わされたというニュースが掲載されていた。

ピカデリー・サーカスの「エロスの像」の前で息を整え、リージェント通りを進み続けようと思ったのだが、今度は一方通行の出口。当然、ここは自転車に乗れない（最近は、自転車に限って逆走可能な区間もできている）。一本東側の道に移動して南下したら、ナショナル・ギャラリーなどが並ぶトラファルガー広場に出た。このあたりから雨が降り出し、観光客もカッパや傘で雨粒をしのぐ姿が多くなってきた。しかし私には傘しかない。イギリスで傘差し運転が禁止なのかどうか知らないが、常識で考えれば認められるはずはない。どうしようかと考えているとき、大きな門が目に入った。そこは「海軍門」と呼ばれている建造物で、この門から一直線に延びる「ザ・マル」という通りの突き当たりがバッキンガム宮殿になる。その下で雨宿りさせてもらうことにした。

すると、同じようにシェア・サイクルで雨宿りしている男性二人組から声をかけられた。

「この自転車を返す場所、近くにないかな?」
ドッキング・ステーションの場所がプロットされた紙の地図は持ち歩いていたものの、雨と緊張で、今自分がどのあたりにいるのかも把握できなかった私は、文字通り空を仰ぐしかなかった。この男性、ヨーロッパ系と見受けられたが、私以上にたどたどしい英語で、旅行にでも来ていたのであろうか。いずれにしろ、自分の現在位置とドッキング・ステーションの位置がわからないというのは不便である。

なかなか雨脚が弱まらないのには閉口するが、ロンドンで雨にへこたれていては、自転車などには乗れない。濡れるのを覚悟でまたペダルを漕ぎ出す。

ザ・マルの両側には大きなユニオンジャック(英国旗)が何本もはためいている。この直前の二〇一一年四月、ウィリアム王子がケイト・ミドルトンさんと結婚式を挙げ、カップルのパレードが通過したのだろう。私もロイヤルファミリーの一員となったつもりで、というのは大げさだが、バッキンガム宮殿を正面に見据えながら、由緒ある大通りを自転車で行くのは愉快であった。

宮殿の裏手に回り込むようにして入ると、そこはビクトリア駅周辺。主要鉄道路線が発着するターミナル駅のほか、ロンドンにおける長距離バス（コーチ）の拠点であるビクトリア・コーチ・ステーションもあるこの一帯は雑然としていて、下町情緒が漂う。

とりあえず、この付近で自転車を返すべくドッキング・ステーションを探す。地図でだいたいの位置は確認してあったが、実際に来てみると簡単には見つからない。雨宿りしたこともあり、すでに最初の三〇分は経過していたが、プラス三〇分くらいの延長で済ませたいと焦っていたところに、ビルを警備しているらしい警察官を発見。尋ねると、すぐに至近のドッキング・ステーションを教えてくれた。空いたラックを見つけて、前輪をガチャリと入れる。これがきちんと収まっていないと「不返却」とみなされるので、今一度確認する。計一時間弱、私のシェア・サイクル・デビューは無事終わった。

自転車を返却する際、ドッキング・ステーションに空きがない場合は、別のステーションを探さなくてはいけない。ステーションの位置や空き状況の情報が利用者には不可欠だが、ＰＣやスマートフォンがあれば、リアルタイムで確認できるそうだ。

今回は三〇分オーバーしたが、費用を最小限に抑えるためには、三〇分以内の利用を繰り返すのがベストである。だが、自分の目的地の近くに必ずドッキング・ステーションがあるわけではない。店先にちょいと自転車を停めて買い物をするのが当たり前になっている日本人にはかなり不便と感じるだろう。

利用料金には目をつぶって、お店なりレストランなりの前に駐輪するのはどうか？　まず、ロンドンのシェア・サイクルにはカギが付いていないので、盗難リスクの大きさを考えると、路上駐輪は不可能である。チェーンを結び付けるポールなどがある駐輪場なら、自分でチェーンキーを用意していけば停めておくことはできるだろうが、自分では自転車を持たずに、チェーンキーだけ買ってまでシェア・サイクルを利用する人がロンドンにいるのかどうかは疑問だ。

同じシェア・サイクルでも、パリの「べリブ」、アイルランドのダブリンの「ダブリン・バイクス」は、各自転車にチェーンキーが付いている。この二都市に比べてロンドンは盗難が格別に多いのかどうかは不明だが、いずれにしろ、チェーンキーで結わえたからといって自転車から目を離すのは危険、という認識で一致しているものと思われる。

第三章　日本の自転車政策

1　日本流シェア・サイクルの模索

富山市のシェア・サイクル「アヴィレ」

前章ではロンドンのシェア・サイクルを紹介したが、世界でシェア・サイクルの先鞭《せんべん》をつけたのは、何度か言及しているパリの「ベリブ」である。これまで自転車とあまり縁がなかったパリの各所にステーションが設置され、いつでもどこででも自転車の貸し出しと返却ができる。このシステムは、スペインのバルセロナ、アイルランドのダブリンなどでも採用され、交通混雑と大気汚染に悩む世界の各都市から注目を集めている。

日本では、富山県富山市に二〇一〇年に導入されたシェア・サイクル「アヴィレ」が話題だ。富山市は人口四二万二〇〇〇人（二〇一二年九月末現在、富山市ウェブサイトによる）、北陸地方では金沢市に次ぐ規模を持つ。他の地方都市の例に漏れず、富山市も中心部の空洞化に悩んでいた。クルマの所有率が上がり、郊外に大規模なショッピングセンターや飲食チェーンの店舗が出店すると、人の足は市街地から遠ざかる。「シャッター商店街」「ゴーストタウン」というような言葉で語られる状況が生まれつつあった。

そこで富山市は、クルマなしでも便利に市街地を回れるよう、既存の路面電車を再編した。また、廃線となったJR富山港線に「富山ライトレール」という新しい形態の鉄道を走らせ、郊外からの足も確保した。

「アヴィレ」は、これらの施策に続いて導入されたものだ。市内一五カ所のステーションに一五〇台の自転車を用意し、二四時間、いつでもどこでも貸し出しと返却が可能になっている。システムもロンドンとほぼ同様で、三〇分以内に返却すれば無料。それ以降は一定時間ごとに課金される。

森口将之《もりぐちまさゆき》氏の『富山から拡がる交通革命』によれば、アヴィレの二〇一一年半ばの利用者数は一カ月あたり四五〇〇～四六〇〇回前後。この数字がどれだけのものなのか、多いのか少ないのか、私には判断材料がないが、「予想を上回る人気」というわけにはいかず、目標値には達していないとのこと。

富山市は「コンパクトシティ」というキャッチフレーズを掲げ、先述の路面電車など公共交通機関だけで町中を行き来できる交通システムを構築しようとしている。ヨーロッパで広がりつつある、市の中心部からクルマを締め出して路面電車と歩行者のサンクチュアリ（聖域）とする「トランジットモール」も視野に入れている同市の施策は、日本のみならず海外からも注目され、視察団の来訪が絶えないそうだ。

そこへ導入された「アヴィレ」は、公共交通機関と自転車を主役に配した交通体系を作る、という行政の強いメッセージだ。市民の意識変化を促すことができるか、シェア・サイクル単体としての成功云々《うんぬん》以上のものを期待したい。

大都市以上にクルマ社会が根づいた地方都市でシェア・サイクルを導入したところで、すぐさま都心回帰が生まれるわけではない。だが、路面電車やシェア・サイクルが密に配置された町には、郊外の大規模ショッピングセンターには存在しない、巡る楽しさがある。

ただ、ロンドンの事例でも見たように、シェア・サイクルを導入するのであれば、走行空間の整備も重要になってくる。市民の足となるべきシェア・サイクルが、「ちょっと便利なレンタサイクル」に成り下がってしまうか否かは、やはり自転車レーンなり自転車道なりがきちんと設置されるかどうかにかかっていると言えよう。

「横浜ベイバイク」を体験する

横浜市がNTTドコモと共同で行っているシェア・サイクル「横浜ベイバイク」は、二〇一一年四月から三年間限定の社会実験として実施されており、約三〇カ所（二〇一二年一〇月現在）の「サイクルポート」のどこででも貸し出しと返却が可能だ。私はこれを体験してみることにした。

利用するには登録手続きをしなければならないが、ポートでできるわけではなく、JR桜木町駅か、みなとみらい線馬車道駅に隣接したカウンターまで行く必要がある。この日、別件のあった大桟橋付近にはポートはあるがカウンターはなく、馬車道駅まで一〇分ほど歩かされた。ただし、NTTドコモの携帯ユーザーで「おサイフケータイ」を持っている人は、ポートにあるQRコードを読み込んでその場で登録ができる。NTTドコモがかかわっている事業なので仕方ないが、私のような他社携帯利用者は、その恩恵にあずかれない。

プレハブの建物の中にある登録カウンターでは、まずパソコンを自分で操作して登録作業をするよう求められる。名前、住所などの個人情報を入れると現れるQRコードを自分の携帯電話（これはNTTドコモ以外の携帯でも大丈夫）で読み込み、そのアドレスに空メールを送ることで登録は完了。続いてクレジットカード情報を入力する。利用料はすべてこのクレジットカードから引き落とされる。運転免許証や健康保険証などの身分証明書の提示は求められない。登録するには一〇五〇円かかるが、これもNTTドコモのおサイフケータイで払うと三一五円とかなり優遇される。あくまで社会実験中ではあるが、公共サービスが、私企業である携帯電話会社の種類によって差別されるのはいかがなものか、とも思う（もっとも私が使ったときはキャンペーン中か何かで、登録は無料であったが）。

登録にかかった時間は一五分ほどで、貸し出し・返却に必要なICカードが手渡される。さっそくカウンターに隣接したサイクルポートから乗り出すことにした。

まず、ポートにある「コントロールパネル」という部分に「スイカ」や「パスモ」と同じ要領でICカードをかざすと、利用可能な自転車の入ったラックのランプが点灯。自転車を取り出すとすぐさま私の携帯にメールが入り、自転車の番号と、付属のダイヤル式チェーンキーの番号が記載されていた。IT技術をフルに使ったシステムは、日本的でとて

横浜ベイバイク

もスマートだ。

　馬車道をスタートしてランドマークタワーを右折。もちろん車道走行である。登録カウンターのスタッフに聞けば、このエリアには自転車レーンはまだないとのことだが、再開発地区であるからか道路幅も車線も広く取ってあるので、初めての道に不安はなかった。

　赤レンガ倉庫から県庁の横を通り、みなと大通りを走って横浜スタジアムを過ぎたあたりでまたメール。「ご利用開始より間もなく三〇分が経過します」とのメッセージが入った。ベイバイクの利用料金は一回三〇分まで一〇五円（取材当時。二〇一二年八月から六〇分に延長)。三〇分を超えると、三〇分ごとに二一〇円の超過料金が発生し、自動的にクレジットカードから引き落とされる。基本利用単位が三〇分で、超過料金のほうが高く設定されているのは、ロンドンなどのシステムを参考にしたからだろう。つまり、三〇分以内で自転車を返却し、次の目的地へ行く際に改めて借りたほうが、ずっと使い続けるよりも安上がりになる。また、一回の利用ごとに一〇五円払うシステムのほかに「月額会員」というものもあり、これは月一〇五〇円で使い放題。ただし一回の利用は同じように三〇分以内となっている。

JR関内《かんない》駅前のポートで自転車を返却するとすぐメールの着信音が鳴り、返却完了を通知された。どうやらギリギリ三〇分以内だったようで、延長料金の発生はなかった。

関内駅のサイクルポートは、およそ三分の一が貸し出し中であった。これが一台も貸し出しがない、すなわち満車だと、ほかのポートまで行って返却しなくてはならない。この方式はロンドンと同じだが、目的の場所で返せないとなるとかなり不便を生じる。特に急いでいるときは困ってしまうが、無人ポートである限り、このあたりがシェア・サイクルの弱点かもしれない。携帯電話やスマートフォンでは、最寄りのポートをGPSと連動して検索もできるし、空きポートが今いくつあるかという情報も得られるが、これらのシステムを習熟するには、ある程度時間がかかるだろう。

想定している利用者は誰なのか?

横浜ベイバイクは、ロンドンのシェア・サイクルとほぼ同じシステムといってよい。だが、社会実験ということを割り引いて考えても、いくつかの疑問や問題点が湧《わ》き出てくる。まず、先述したように、最初に登録する場所は二カ所しかなく、当日になって利用しようと思っても面倒であること。携帯電話を利用して先進的なシステムを構築したのだから、すべてのポートで登録できるようにして、実用段階に入った後は、NTTドコモのユーザー以外にも登録を容易にすべきである。

私が一番疑問に思うのは、横浜ベイバイクが想定している利用者は誰なのか、という点だ。サイクルポートが設置されたエリアは、山下公園、横浜中華街、元町、みなとみらい21、馬車道などの観光地。メインターゲットが観光客ならば、利用時間単位が三〇分というのはあまりに短すぎる。駅前で借り、博物館なり観光名所なりに寄れば、三〇分などあっという間に過ぎてしまう。サイクルポートの地図を見ると、赤レンガ倉庫、山下公園、マリンタワーなどの近くに設置されていて、観光の便を重視していることがうかがえるが、それなら一般のレンタサイクルのように、複数の駅前に有人の貸し出し所を設ければ済むことではないだろうか。そのほうが、目的地のより近くまで自転車で行ける。

ロンドンその他ヨーロッパのシェア・サイクルの「三〇分以内の返却は無料」というルール、この「三〇分」という単位は果たして日本で適当なのかどうか。

「パリのベリブの場合、およそ三〇〇メートルごとにポートが設置されているので、自分の現在位置に一番近いポートはその半分、一五〇メートル以内にあることになる。だが日本のシェア・サイクルの場合はポート間の距離が五〇〇メートルくらい、時にそれ以上あったりするので、目的地のすぐ近くで借りたり返したりが難しい。それでいて三〇分、というのはかなり厳しいのでは」

と疑義をはさむのが、先に引用した『成功する自転車まちづくり』の著者で、三井住友トラスト基礎研究所の研究理事、古倉宗治氏だ。

「無人ポートはたしかにスマートだが、設置や維持管理にはそれなりの金額がかかる。それだったら、駅前の駐輪場にレンタサイクルを導入し、管理人に貸し借りを任せたほうが安上がりになることもある。また、現実にはヨーロッパのように二四時間対応にする必要はなく、鉄道の初電から終電までの営業で十分」

古倉氏によれば、ヨーロッパのシェア・サイクルは、一台が一日五回程度以上利用されればペイできる費用構造になっている。一方、日本のシェア・サイクルは一回を切るものも多く、利益どころか収支トントンまでの道のりも遠い。

また、シェア・サイクルを導入するのであれば、走行環境の整備もセットで実施すべきだ。ロンドンの場合は、シェア・サイクルと自転車レーンの整備をほぼ同時に行った。それが、自転車を交通モードの主役にするという強いメッセージを発信することにもなった。

一方、横浜ベイバイクの実験エリアでは、カウンターの係員が言うように、自転車レーンは設置されていない。登録カウンターで渡された『自転車の正しい乗り方ガイド』というパンフレットには、「車道走行の原則」をはじめお決まりの規則やルールが記されてはいたが、横浜の道に慣れていない観光客が「自転車レーンもない車道をいきなり走れ」と言われたところで、現状では無理がある。

潜在需要があるのはビジネス街

ロンドンでは、「渋滞税」によってクルマの流入を規制する措置を実施した上で、サイクル・スーパーハイウェイ（CS）という走行インフラにシェア・サイクル「ボリス・バイク」を投入するという、大胆な施策で自転車社会の構築を目指した。それが成功したか否かは、まだ語るべき段階に達してはいないが、自転車利用者が格段に増えたことは誰もが認めるところである。

だが、これだけの量を投入したところで、自分のクルマや自転車と比べれば、小回りという点ではかなわない。自宅から目的地へといったドア・ツー・ドア性にはどうしても欠ける。

それでもロンドン在住の私の友人知人たちは、さっそくボリス・バイクのアクセス・キーを手に入れ、利用しているという。従来地下鉄やバスで移動していた部分をシェア・サイクルに、という人は少なくないようだ。遅延が常態化している旧式の地下鉄、渋滞でいつ来るのかわからないバスを待つよりは、手っ取り早くシェア・サイクルで、というのは合理的な考えである。

疲弊した公共交通機関に見切りをつけ、自転車に乗り換えようという人が増えているのがロンドンであれば、鉄道やバスが健全に機能している東京など日本の大都市では、シェア・サイクルを根づかせるのは難しいのか。

諏訪嵩人《すわたかひと》氏の研究によれば、仮に東京でシェア・サイクルを導入するとして、その利用率が大きいと推定されるのは二三区中一二区。千代田区、中央区、港区などいわゆる「都心部」の区もあれば、豊島区や荒川区などの周辺部の区も含まれている。前者では、やはりビジネス需要というか、たとえばこれまで地下鉄やタクシーで移動していた営業活動を自転車にシフトする、ということになろうか。一方後者は、買い物や通院でシェア・サイクルが利用される可能性がある、ということかもしれない。

ただ日本とイギリスを比較した場合、日本は自転車の所有率がかなり高く、シェア・サイクルをわざわざ使う理由が見つからない、という点には注意しなくてはならない。特に住宅地においては、自分の自転車があるのに、わざわざ登録してまでシェア・サイクルを使う人がどれだけいるだろうか?

すると、東京に導入するのであれば、やはりビジネス街で、ということになろう。先の諏訪氏の研究では、利用可能性が一〇〇パーセント（借りたいときに必ず自転車がある状態）になるために必要な自転車の数は、先の一二区で計約五五〇〇台。うち千代田区に三〇パーセントに当たる約一七〇〇台を配置しなくてはならないとしている。また、自転車を入れるラックの数は一二区で約八四〇〇個、うち千代田区には二〇パーセント、約一七〇〇個が必要になる。営業用として事務所に自転車を所有している会社もあるにはあろうが、外部からやって来て、数日なり半日を都心部の営業で過ごすというビジネスパーソンには、移動の選択肢のひとつとして、シェア・サイクルが有効に使われる可能性は大きい。

ビジネス需要は東京に限らない。前出の古倉氏のヒアリング調査によれば、栃木県宇都宮市にあるレンタサイクルは、平日の朝一〇時には貸し出し所に一台も残っていないほどの高い利用率が続いているという。使っているのはほとんどビジネスパーソンで、朝、宇都宮駅に鉄道などで到着し、自転車で用務先を回って夕方返却する。宇都宮市内は公共交通機関がバスのみで、時間とルートに融通が利く自転車のほうが好都合なのだ。

また、大阪のビジネス街である淀屋橋《よどやばし》周辺の会社を古倉氏がヒアリング調査したところ、得意先回りに日常的に自転車を利用しているところが意外に多かったことが判明した。現在は会社が自前の自転車を用意しているが、路上駐輪にも厳しい目が向けられていることから、夜は会社の前に置きっぱなし、ということも難しくなる。そこにはシェア・サイクルの潜在需要が大きいのではないか、と古倉氏はみている。

さらに古倉氏は、「ターゲットとする利用者をしっかり絞り込んだ上で、それに最低限必要になるコンパクトなシステムで十分」とも述べている。

2 自転車通勤支援システム

自転車通勤者は通勤手当をもらえるのか?

ロンドンの自転車通勤者へのインタビューでも少し触れたが、イギリスには「自転車通勤制度(Cycle to Work Scheme)」が導入されている。自転車や備品の購入に関わる費用の全部または一部を政府が負担するこの制度は、簡単に説明すると、各自が支払っている所得税の分だけ安く買えるというもの。すなわち、納税額が多いほど割引率が高くなる。割引率は、条件により三二〜四二パーセントで、自転車本体のほかヘルメットやウェアなどアクセサリーも含まれる。カバーする上限は一〇〇〇ポンド（約一二万七〇〇〇円）なので、高価なロードバイクでなければ、自転車通勤用グッズすべてが安く購入できる。

先述したように、イギリスでは通勤にかかる費用は社員が負担するのが原則。職場に近い都心部に高い家賃を払って住むか、地価の安い郊外に住んで長距離通勤をするかは社員個人の選択の問題、という考えに立っている。自転車通勤になれば、通勤にかかる交通費は不要になる。特にロンドン市内の公共交通機関の運賃は高額（地下鉄の初乗りが約五五〇円！）だから、毎日のことを考えれば、たとえ自転車に何百ポンドを投資したとしても、長いスパンでみれば元は必ず取れる。これは自転車通勤制度の利用いかんにかかわらず、ロンドンの「ツーキニスト」の間でほぼ共通した認識となっているようだ。

イギリスとは逆に、通勤費用を原則的に会社が負担している日本では、自転車通勤で浮いた分をどう扱うのか、会社は困惑してしまう。会社が購入した定期券を渡されて使っている社員であれば、せっかく交通費が出ているのに、わざわざ自転車に切り替える動機に欠ける。あえて言えば、自転車がたまらなく好きであるとか、健康のためとかという理由になるだろう。

一方、定期券代を申請してその金額が給料に上乗せされる形式の会社なら、交通費が丸々懐に入ることになる。雨の日や飲み会の日など、自転車でなく鉄道を使う日が月に数日あったとしても、かなりの特別収入となるはずだ。それを会社が知ってしまったら、通勤手当を返上しろ、ということになるかもしれない。会社に秘密にして、どこか会社近くの路上に駐輪しているところを同僚に見られ、会社に「密告」される危険もある。

自活研の小林事務局長（前出）は、日本の民間企業の多くが自転車通勤を社内規定で禁止していることに怒りをあらわにする。

「普段は自転車通勤を賞賛している新聞社やテレビ局でさえ、社員には禁止している」

ある大手老舗メーカーが社内規定で自転車通勤を禁止にし、それが全国津々浦々まで伝《でん》播《ぱ》したのではないか、という噂《うわさ》を小林氏は教えてくれたが、真偽のほどははっきりしない。

しかし、毎朝ロードバイクやクロスバイクにまたがって幹線道路を駆け抜けているスーツ姿の人々は、どう見ても「サラリーマン」である。彼らは自転車通勤をきちんと申請、申告しているのだろうか?

埼玉県のIT系企業に勤務する見沼さん(仮名、四〇代男性)は、直線距離で五キロ弱をほぼ毎日自転車で通勤している。「ほぼ」というのは、雨などの天候不順時は鉄道を使うからだが、彼の会社では、自転車通勤に関する制度は定められていない。だが、毎朝ヘルメットとバックパック姿でオフィスに入ってくる彼が自転車で来ていることを、トップの支社長以下、同僚の誰もが知っている。見沼さんは鉄道通勤にかかる定期代を丸々もらっているが、そのあたりは「黙認」されているようだ。

実際、自転車通勤者に対して、ほとんどの会社は同じような状態にあるのではないか。総務担当者にとって、通勤制度に触れることは複雑で面倒な手続きを伴う。大会社であればあるほど、全社的に通用する社内規定を作るのは大変だ。見て見ぬふりをして定期代を渡しておけば、とりあえず丸く収まるのだから。

自転車通勤時の事故にどう対処するか

自転車通勤の場合、通勤時の事故をどう扱うかもネックである。労働災害保険(労災)

は通勤時の事故でも支払われるが、こっそり自転車通勤していたら、労災は適用されないだろう。だから、「制度上禁止されていても、会社の担当者には必ず自転車通勤を打ち明けておくこと」が必要だと前出の小林氏は強調する。会社が社員の自転車通勤を知っていた場合は、それが社内規定に違反するかどうかは関係なく、労災の適用対象となるからだ。

反対に、自転車が加害者となるケースもある。通勤時に社員が第三者に怪我《けが》を負わせた、などというケースに、会社はどう対応するのか。

社員の自転車通勤への会社側の対応はまだ発展途上の段階だが、社会保険労務士の福間みゆき氏は、通勤手当については会社が賃金規定に明記することを勧めている。また通勤途中の事故に関しては、通勤が「合理的な経路及び方法」で行われているときにのみ認定される、という労災保険法の条文を前提としつつ、通常は地下鉄で通勤していた人が会社に無許可で自転車を使っても、その経路が常識的であれば、通勤災害として認定される、と説明している。言い換えれば、出勤前に公園を回った、帰宅途中に映画に行った、などという場合には「通勤」とは認められない。

社員が加害者となったケースでは、基本的にはその社員個人の責任ではあるが、損害賠償が支払えない場合には会社にもその責任を追及されることがある。そういう事態を避けるために、自転車通勤の社員に保険加入を義務付けるなどの対策が必要になる。

会社にシャワールームは必須？

自転車雑誌『自転車人』（山と溪谷社）の二〇一二年冬号に、「ＴＯＫＹＯバイクコンシャスアワード」という記事が掲載されていた。ツイッターなどで呼びかけ、「自転車にやさしい＝バイクコンシャスなアレコレを勝手に表彰させていただきます」というのが趣旨だそうだ。

ここで表彰されたのが、インターネットサイト運営会社「はてな」であった。記事によると、同社では自転車通勤者に対して一律で月二万円の通勤手当を支給するほか、京都にある本社の近隣にはシャワールームも備え、快適な自転車通勤をバックアップしている。

特に夏場において、自転車通勤のネックとなるのが汗だ。下着の下にビッショリ汗をかき、そのまま仕事をするのが気持ち悪いというのはもちろんだが、営業職など人に会う仕事であれば、汗臭さは相手に失礼にもなる。シャワールームというのは、自転車通勤者垂《すい》誕《ぜん》の施設なのだ。

自転車メーカーの「トレック」が運営母体となっているウェブサイト「1ワールド2ホイールズ」にも、自転車通勤を支援する企業が複数掲載されている。それらの会社では、自転車通勤手当を支給したり、専用ロッカールームを用意したりと、さまざまなサポートを行っているそうだ。

挙げられた企業の中には「シマノ」や「ヤマハ発動機」も入っている。「シマノ」は自転車のギア・システムでは世界トップのシェアを持つ会社であるし、「ヤマハ発動機」は電動アシスト自転車「PAS」で、このカテゴリーの先鞭をつけた企業である。こういった自転車関連企業が自転車通勤者を支援するのは、当然といえば当然のこと。ベビーカーや紙おむつのメーカーが女性社員の産休や育休に手厚いのと同じである。

自転車関連以外の会社を調べてみると、社会基盤の形成と環境保全の総合コンサルタントの「いであ株式会社」は、東京都世田谷区の本社のほか、横浜、大阪の事務所に社員用駐輪場を設置。通勤距離が片道二キロメートル以上あれば一律一五〇〇円を通勤手当として支給している。現在、これらの事務所で働く約五〇〇人の社員のうち約三〇人がこのサポートを受けて自転車で通勤している。

だが、全般的にみれば、自転車通勤に通勤手当を設定するなどの措置を講じている企業はまだ少数派だ。自転車通勤がポピュラーになっている割に、このお寒い状況。毎朝、東京の都心部を駆け抜けていくツーキニストの多くが、会社に黙ったまま（もしくは黙認されたまま）、こっそりと自転車通勤をしているというのが現状なのである。

クルマ通勤者を自転車へシフトさせるインセンティブ

自転車通勤者への通勤手当支給について注目を集めているのが、名古屋市役所だ。留守洋平《るすようへい》氏の調査によると、片道五キロメートル未満のクルマ通勤者に対して一カ月二〇〇〇円の通勤手当を支給していた名古屋市は、それを半額にカットする代わり、自転車通勤者に対する手当を二倍の四〇〇〇円にする改正を、二〇〇一年に実施した。結果、自転車通勤者が三九二人増え、クルマ通勤者は八三三人減少した。

これ以前、名古屋市役所では、公共交通機関以外の個人所有の乗り物を使っての通勤に対しては、そのキロ数に対して一律で通勤手当を支給していた。つまり、クルマだろうが自転車だろうが、同じ金額だったのである。そこで自転車を分離し、どのキロ数でもクルマより高い手当を設定した。これはかなり高いインセンティブ（動機づけ）になる。

名古屋の話は自転車道のところでも書いたが、クルマばかりを優遇していると思われているトヨタの城下町で、行政が一〇年以上も前からこんな制度を実行していることは、高く評価できる。名古屋市役所では、さらに職員用シャワールームも設置したという。

前掲の留守氏が行った、鹿児島県国分市《こくぶ》（現霧島市）で働く人を対象にした調査（二〇〇四年）によると、クルマで通勤している人が自転車に乗り換えてもいいかどうかの判断基準は、やはり「通勤手当の優遇」が一番大きい。仮にクルマの通勤手当が廃止されると約二七パーセントが、現在無料になっている職場の駐車場料金を月額五〇〇〇円にすると三七パーセントが、それぞれ自転車に乗り換えるという結果をここでは紹介しているが、興味深いのが、職場にシャワー室を設置することで、三四パーセントもの人が自転車を選択するということだ。自転車通勤者にとってシャワーの有無は大きな関心事であることが示唆されている。

クルマ通勤に一定額の通勤手当が支払われている職場であれば、自転車通勤にも当てはめるのが道理だろう。自転車はガソリン代が不要という見方もあるが、タイヤの破損や部品の磨耗などに対する修理や交換の費用はかかる。自転車に乗りにくい降雨時などは、鉄道やバスを使う日も当然出てくる。

さらに原則に立ち返れば、自転車で来るかクルマを使うかは職員の自由意思であるはずで、クルマ通勤が金銭的に優遇されていいはずはない。これらの調査が示す通り、金銭的なインセンティブがあれば、クルマから自転車へのシフトは簡単に起こるかもしれない。

3　自転車はクルマの代替になるか

商用車は自転車にシフトできない

サイクル・スーパーハイウェイ（CS）とシェア・サイクルというふたつの柱で、自転車を都市交通の主役として活用する明確な意図を示したロンドンでは、同時に、渋滞税でクルマを都心部から締め出し、自転車へのシフトを促した。クルマの使用制限と、それに代替する交通機関の提供により、ロンドンにおける自転車の役割は、以前と比べればかなり重要になった。

その経験は、日本の大都市においても有効に活《い》かされるだろうか?

たとえば東京二三区内の職場で働くサラリーマンで、毎朝クルマで通勤しているという人は私の周りにはいない。鉄道やバスで通っている人が大部分だろう。クルマで通勤するのは、オーナー企業の経営者とか、大企業の重役クラスなど、ごく一部の人に限られる。ロンドンの場合は、再三紹介しているように、公共交通機関の信頼度が日本に比べるとかなり低く、元々クルマの自家利用がかなり多かった。その分、クルマから自転車への移行もより劇的《ドラスティック》だったと思われる。

日本の大都市では、むしろ商用車の割合が自家用車に比べて大きい。大都市であればあるほど商取引がより活発であるから、クルマでの移動もそれに従って増加していく。

東京都がディーゼル車の流入規制を二〇〇三年に実施したのも、物流の要であるトラックをターゲットにしたからにほかならない。一九九七年の東京都のデータによると、大気汚染の原因のひとつである窒素酸化物の排出量は、その七五パーセントがトラックによるもの。これを軽減するため、ディーゼル車をシャットアウトしたものだ。

大気汚染はそれでいくらか軽減されるかもしれないが、物流に必要なトラックなどの車両が不要になったわけではない。これらの貨物車両は、当然のことながら、自転車へのシフトはあまり期待できない。東京都心部では最近、宅配便のマークをつけたリヤカーを電動アシスト自転車で引っ張る姿が目につくようになった。宅配便会社の環境への取り組みとして評価はできるが、大きな動きにはつながりにくい。

今や都市生活には不可欠のコンビニエンスストアは、そのバックヤードに大量の在庫を抱えているわけではなく、数時間ごとに配送に来るトラックが商品ラインナップを支えている。都会の便利さは「ジャスト・イン・タイム」的な補給で成り立っているのだ。

これらの車両をどう排除するか、どう減少させるかという課題にはここでは触れないが、少なくとも自転車へのシフトという側面では対象外である。もちろん、タクシーの利用が自転車に代替されることも考えにくい。

自転車シフトの対象は、クルマではなく公共交通機関である

J・プーカー、C・ルフェーブル『都市交通の危機』によれば、今や自転車大国として名高いオランダにおける自転車の保有数は、一九五〇年には約六〇〇万人だったが、七〇年には七〇〇万人、九〇年代後半には一二〇〇万人に達し、五人に四人が自転車を保有している計算になった。しかし自転車の利用は増加しておらず、一九六〇年に一七一億人キロほどあった自転車輸送量は、八六年には約一二〇億人キロに低下。が、九〇年には、自転車レーンなどのインフラ整備が功を奏して、約一二八億人キロに戻した（「人キロ」は、人数に移動距離をかけたもの。一人が一キロ移動すると「一人キロ」となる）。

また、自転車の増加はクルマの減少にはつながっていない。一九八〇年から九〇年の推移をみると、都市部における二〇キロ以下の短距離トリップにおいてはクルマと自転車が同時に増加しており、クルマから自転車へのシフトはほとんどみられない。

これは、従来鉄道やバスを利用していた人が、自転車に乗り換えたにすぎないことを証明している。自動車は都市部で最も重要な交通機関であり、自転車の増加は自動車の重要性に大きな影響を与えなかった。ゼロサムゲームは自動車と公共交通機関との間で行われたのではなく、自転車と公共交通機関との間で行われたのだ、というのが同書の結論である。

オランダと並ぶ自転車大国ドイツについて同書は、データ的な分析は掲載していないものの、「反自動車環境運動がヨーロッパで最も古くそして強力であると同時に、またヨーロッパで最も自動車保有率・利用率が高いという二つの相反する現象が共存する面白い国である」として、クルマの利用が相変わらず盛んな現状を紹介している。その一方で、自転車レーンや自転車専用信号などのインフラには非常に工夫を凝らしており、その結果、「都市交通の約四〇パーセントが徒歩か自転車によるものである」ともしている。

これらの分析から、都市部の自転車利用促進は「クルマから自転車へ」ではなく、「鉄道から自転車へ」「バスから自転車へ」となる可能性が高いという仮説を示すことができる。

ターゲットは「職場から五キロ圏内の居住者」

東京の都心部においても、ここ数年で急増した「ツーキニスト」の多くは、公共交通機関からの乗り換え組であると推測できる。だとすると、自転車通勤者の増加は、鉄道やバスの車内混雑を少し緩和しただけで、クルマの数の抑制には効果がないのだろうか。

私の場合、東京二三区内の城南エリアにある自宅から、千代田区の事務所までは約一三キロ、以前住んでいた北部の足立区からは約一〇キロある。

この距離を毎日通勤しようとすると結構な「気合い」が必要で、心に活を入れないと、すぐ易《やす》きに流れてしまう。真夏の暑さにはスクーターの魅力に負けるし、真冬の寒さには電車の暖房が恋しくなる。ちょっと荷物が重くなると、「自転車で運ぶのは辛い」と理由をつけ、別の交通手段を選択してしまう。

前出の古倉宗治氏によれば、片道一〇キロもの通勤が毎朝できるヘビーユーザーは全体の五パーセントほどでしかなく、一般の人が無理なく通勤できる距離は五キロ程度なのだ。地価の関係などで、千代田区、中央区、港区など企業が集中するビジネス地区から半径五キロの円内に自宅を構える人は少ない。どうしても一〇キロ以上の距離を漕がなくてはならないことになる。

だが昨今は、郊外の一軒家より都心のマンションを選択する「都心回帰」の傾向もみられる。とりわけ湾岸エリアは坂も少なく、自転車通勤の潜在層は増加しているのではないだろうか。

一方、日常的にクルマが通勤に使われている郊外都市や地方都市では、自転車へのシフトがクルマの総量を減らすことに大きく寄与する可能性がある。それには、先述したように、自転車通勤者への明確なインセンティブ、動機づけが不可欠だ。駐車場代や通勤手当などを考えると、クルマより自転車のほうが経済的に得になる、ということが認識されなければならない。

古倉氏によれば、地方ではクルマ通勤の人の約半分が職場から五キロ圏内に居住しているというアンケート調査結果があり、この層をターゲットにしてインセンティブを提供すれば、クルマから自転車へのシフトに大きな効果が見込まれる。さらに健康増進やガソリン代の節約などの付加価値を行政が見える形で提案すれば、自転車通勤への大きなモチベーションになるに違いない。

自転車環境の整備がもたらすメリット

公共交通機関が発達した都心部で自転車通勤環境の整備を推進する大きな理由は、交通手段の多様性を浸透させ、構築すべきだからにほかならない。とりわけ、二〇一一年三月に発生した東日本大震災、それに伴う首都圏の交通マヒを見れば、公共交通機関だけに依存することの脆弱《ぜいじゃく》性は誰の目にも明らかである。毎日とは言わずとも、週一回でも自転車通勤をしておけば、いざというときに帰宅ルートに迷うことがない（その点、鉄道やバスの運休に慣れているロンドン市民は、常日頃から危機管理が身に付いているようだ）。

健康的な側面について本書では深くは触れなかったが、自転車は比較的楽に有酸素運動が行える手段であり、体力の維持と向上が期待できる。仕事の後や休日にジムに通うのが億劫な人でも、通勤時に自転車に乗れば自動的に相当なカロリーを消費することになる。加速的に高齢社会が進んでいる日本において、健康を維持し続けることは重要な課題。自転車通勤の推進は医療費を削減し、ひいては国や自治体の財政改善にも貢献することになる。実際、肥満が深刻な問題になっているイギリスでは、自転車通勤の健康面のメリットをかなり強調している。

都心部における公共交通機関から自転車へのシフトでは、二酸化炭素排出量の削減など環境面でのメリットは少ないように見える。ただ、通勤を公共交通機関だけに頼っているのは東京でも鉄道の沿線部、二三区の特定エリアに限られる。私が以前居住していた足立区などは、面積が巨大（大田区、世田谷区に次ぐ都内第三位）であるにもかかわらず、鉄道ネットワークが疎《まば》らで、クルマがないと移動には不便な土地柄だった。

東京の市部、そして周辺の埼玉県や神奈川県なども含めれば、クルマ通勤はまだまだ多い。首都圏は総人口という母数が大きいこともあり、クルマ通勤者の数パーセントが自転車に移行するだけでも、絶対数は相当な数に上る。それによる二酸化炭素排出量の減少は無視できないものになろう。

そのほか、ラッシュアワーのストレスからの解放など、自転車の利用によって都市の人々が受けるメリットはさまざまな局面におよんでいる。実際、すでにそれに気が付いて自転車通勤を始めている、これから始めたいという人は確実に増えている。その需要を行政はしっかり受け止め、都心部の自転車環境整備を進めるべきなのではないか。

終章　これからの自転車社会

1　「オルタナティブ」「シェア」「ダイバーシティ」

自転車は「オルタナティブ・トランスポート」である

猛走する左折車の間を縫って命からがら渡る交差点、不条理な遠回りを強いられる歩道橋、汗だくになって昇り降りする地下道。

自転車の存在が忘れられたポイントを通るたび、今の日本に必要なのは「オルタナティブ」「シェア」、そして「ダイバーシティ」という発想ではないかと思う。

オルタナティブ alternative という英語は、和訳されずにその発音のままカタカナで表記されることが多い。「ビジネスモデル」「コンプライアンス」などと同様、元々日本に存在しなかった概念を無理やり訳すことで生じる誤解を恐れてのことだろうが、手元の英和辞典には、形容詞として「二者択一の」とか「代用の、代替の」と訳出されている。

オルタナティブの類義語として頭に浮かぶものに、サブスティテュート substitute という単語があるが、こちらはまさに「代用」や「取り替え」という意味が濃く、カタカナで「サブ」という日本語も定着している。スポーツの世界では、いわゆる「補欠」のことだ。控え選手だって実力を持ってはいるのだろうが、監督が描いた当初の戦術からみれば、やはり「代用」には変わりない。

一方、オルタナティブには、「主流」ではないが、それに代わり得る潜在能力を持った「傍流」とでも言うべきニュアンスが含まれている。「AがダメだったらB」という代役的なイメージとは異なる。

東日本大震災以来、毎日のようにマスコミに流れる「代替エネルギー」は、英語にすれば「オルタナティブ・エナジー」だ。高い効率性を謳いながら、脆弱な安全性が露呈した原子力発電。世界の工業化を支えてはきたが、その源となる化石燃料の埋蔵量に限界が見えてきた火力発電。このような大規模な方法ではないが、太陽、風力、地熱などの自然の力をできる限り利用しようという考え方がオルタナティブである。現在は主流でなくとも、技術革新と人間の知恵次第では、主流に取って代わる能力を兼ね備えたもの、とでも言えようか。

『広辞苑』を開くと、オルタナティブは、第一の意味として「代案。代替物。」とあるが、第二に「既存の支配的なものに対する、もう一つのもの。特に、産業社会に対抗する人間と自然との共生型の社会を目ざす生活様式・思想・運動など。」とある。自転車は、この言葉がぴったり当てはまる「オルタナティブ・トランスポート」にほかならない。クルマにも歩行者にも邪魔者扱いされている「ミソっかす」から、交通の主流へと躍り出る潜在力。それを引き出すことが、自転車社会の構築に向けて我々に課された使命なのだ。

自転車とクルマが車道を「シェア」するという発想

ふたつ目の「シェアshare」は、フェイスブックなどのソーシャル・ネットワーキング・サービス（SNS）で頻繁に使われるようになってから、日本でもかなり浸透してきた。「市場シェア」という言葉に代表されるように、従来は「占有率」の意味で使われることが多かったが、ひとつのものや考え方を分け合う、というコンセプトが昨今主流になりつつある。

自転車の走行空間を考える上でも「シェア」という概念は重要だ。道路のスペースが限られているという条件は、ヨーロッパの自転車先進国でも日本でもまったく同じ。新たに自転車専用の道を設置する余裕はほとんどない。既存のスペースを分け合う、シェアするしかない。

先述したように、自転車空間を確保しようとなると、縁石や柵を設けて車道と物理的に隔てるケースが日本にはよくある。安全性確保という点からみれば悪くはないのだが、路面をペイントするだけの自転車レーンに比べれば、設置コストは相当高くなってしまう。年度末の三月に急増する道路工事と同じく、公共事業予算を使い切るための策略なのでは、と疑念を感じてしまうのは行きすぎかもしれないが、「社会実験」と称して数百メートルだけ立派な自転車レーンを造っても、誰も利用したがらないのは明らかである。むしろ自転車とクルマで車道を共有する、すなわち「シェア」することで、より長い距離の自転車空間が確保できるし、それがネットワーク構築へとつながっていく。

シェアというのであれば、歩行者と自転車で歩道を共有するべきでは、という意見もあるだろう。だが、歩道こそ道路の最弱者である歩行者の安全を第一に確保しなくてはならない空間であり、鉄の塊である自転車を共存させるのには無理がある。

第一、歩道がある道路というのはそれほど多くない。自分の家や職場の周囲を見渡しても、いわゆる生活道路にあるのは路側帯だけで、常日頃から自転車、歩行者、クルマが小さな空間をシェアしているはずだ。それを考えれば、歩道のある幹線道路では車道を自転車とクルマがシェアするというのが妥当である。

ダイバーシティを許容できる交通体系

最後の「ダイバーシティ diversity」、これは「多様性」という訳が付けられていることが多い。世界各地からさまざまな民族が混ざり集まるロンドンのような都市は、民族的にダイバーシティが高いということができる。

またスポーツの話で恐縮だが、二〇一二年の某日、四年に一度開催されるサッカーの「ヨーロッパ選手権」をテレビ観戦していたら、スタジアムの広告看板に書かれた「ダイバーシティ」という単語が目に飛び込んできた。アフリカなどからの移民やその子孫がヨーロッパのナショナルチームのレギュラーとして活躍することが珍しくなくなったとはいうものの、ピッチ上では差別発言が少なくないのだろう。民族多様性を改めて訴えるメッセージが、私の目を引いた。

多様な民族が同じ場所で暮らすに当たっては、異なった価値観や文化的背景を受け入れる必要性に迫られる。宗教や習慣に始まり、食事や衣装まで、これまで自分たちの世界にはなかったものを受容しなくてはいけない（実はこれこそが真の「国際化」であって、英語がしゃべれることが「国際化」ではない、と私は常々思っている）。交通体系にしても、このダイバーシティをどこまで許容できるのか、日本は試されようとしている。

クルマと歩行者の二者しか存在しない、という前提で造られている日本の道路。そこに自転車をどう当てはめ、受容させていくのか。クルマとは大きさもスピードも異なる自転車が従来の交通体系に割り込めば、当然、軋轢《あつれき》や摩擦が起こる。どこまで対立し、どこから融和を認めるのか。それを考えなくてはいけないのは、毎朝一〇キロ以上を通勤するヘビーユーザーだけではなく、保育園の送り迎えにママチャリを使う親、自転車通学の生徒を抱える教育現場、そして自転車を使わない歩行者やドライバー、それぞれ全員である。

高齢社会が世界一の水準に達しようとしている今、彼らを受け入れる街づくりが急務になっている。民族的にはイギリスほどの多様性はない日本でも、年齢的な「ダイバーシティ」からは逃げられない。入院するほどではないけれど、かつてのようには自由に動き回れない高齢者が増えるに連れ、彼らと共存するためのハード、ソフトが必要になってくるのは明らかだ。自転車も同じように考えれば、イメージしやすいのではないだろうか。

2　自転車のグランド・デザイン

車道左端をすぐに塗装すべし

自転車道や自転車レーンの設置をはじめとする自転車走行空間の整備、シェア・サイクルの導入など、日本各地で今、自転車利用に対する多種多様な取り組みが行われている。

そういった情報を断続的にでもキャッチアップしていると、相変わらず日本は「社会実験」という名の断片的なプロジェクトばかりが目につき、国家レベルで「自転車をどう活用していくか」というフレームワークがまったく見当たらないことに気付かされる。

ごく短い区間にだけ自転車レーンを設置し、「以前と比べて走りやすくなりましたか？」というアンケートをとったら、大半の人は「走りやすくなった」と好意的な回答を書き込むに違いない。きれいに整備された専用の自転車空間は、その部分だけなら優れている。否定的な意見が来ても「実験」なら文句は少ないし、実施側も「期間が過ぎたら終了しますから」と逃げが打てる。

しかし、一部の区間に自転車道なり自転車レーンなりを敷設しても、見向きもされない。自分の走行経路が歩道だったり車道だったり、はたまた自転車レーンだったりすれば、道路状況も違うし走り方も変えなくてはいけない。そんな面倒なことをさせられるくらいなら、車道を一直線、もしくは歩道を……という選択が自転車利用者のきわめて合理的な考え方である。

言うまでもなく、自転車は目的地に到達するための交通手段のひとつだ。自転車に乗ることそのものを趣味とする人が昨今急増していることは承知しているが、通学や買い物のための「足」として使い回す人が多数派であることに変わりはない。移動手段をサポートするハードウェアは、ある程度長い距離でネットワークを形成していなければ意味がない。鉄道でもバスでも、目的地まで、もしくはその近くまで乗っていけるから利用される。移動ルートのごく一部に線路や路線があるだけでは、誰も乗ろうとしない。自転車道や自転車レーンも同じである。

社会実験というなら、もっと長く、さらに広いエリアに自転車道を設けなければ、正確なデータは得られない。加えて言うなら、「実験」であれこれ議論する時間と予算があるのであれば、それをスキップして、自転車道をどんどん設置しなくてはいけない段階に来ているのではないか。その上で、三年、五年といった長い単位で利用者や住民の意見を集約し、次のステップに活かす。ネットワークという水平軸、時間という垂直軸、どちらもより大きく取らなくてはならない。

個人的には、社会実験という段階はもう過ぎていると思っている。小規模な実験を散発的に実施するよりも、主要道路すべての左端を自転車レーンとして塗装すべきであろう。自分の周りのあちこちに青色（青でなくてもよいが）のレーンが見えれば、「今度からここを走るのだな」という認識が自転車利用者にも生まれてくる。せっかく立派なレーンがあっても誰も使っていない現状だと、「自転車レーンを走ろう」という教育的なメッセージの波及効果も期待できない。

トヨタの幹部が「自転車レーンの設置」を提言

そんなことを考えているとき、あのトヨタ自動車の幹部までが「自転車レーンの設置を！」と提言したというニュースが流れた。

トヨタの〝城下町〟でもある名古屋の自転車専用道については前述したが、さしもの世界的自動車企業も、環境に優しいハイブリッド車や電気自動車の開発や生産にとどまらず、商売敵にもなる自転車の積極的活用を口にする時代になったのか。

この提言を行ったのは、同社ＩＴ・ＩＴＳ企画部担当部長の亘理章《わたりあきら》氏。「土木学会誌」二〇一〇年一〇月号に掲載された氏の文章によると、日本の経済社会システムを成立させるためには「モビリティ・イノベーション（移動手段の革新）」が不可欠だとした上で、その中核のひとつが自転車だとし、①歩行者に次ぐ交通の優先権を自転車に与える、②国主導の戦略的な自転車利用の導入を図る、③自転車走行空間を確保する、の三点を重視。とりわけ③に関しては、日本全国の道路を「市街地」「非市街地」「生活道路」にカテゴリー分けし、それぞれを制限速度別に分類した上で、どの道路に自転車レーンや自転車道が必要なのかを明確にしたマトリックスを私案として示している。とりわけ、車の制限速度が速い幹線道路をはじめとした約二五万キロメートルにおいて、優先的に自転車走行空間を整備すべしとした。

幹線道路に自転車レーンを優先的に設置するのは、安全性の確保だけが理由ではない。クルマその他から自転車への移行を目論むのであれば、ある程度速いスピードが出せる環境が必須だからだ。

私の場合、通勤距離が約一三キロメートルあるので、これを四五分で走り切ると、平均時速は一七キロほどになる。ルート上には、いわゆる裏路地のような生活道路もたくさんあり、そこでは一〇キロも出さないが、幹線道路では二〇～三〇キロほどになるだろう。歩道走行はもちろんのこと、歩道と車道を行ったり来たりするような乗り方では、このスピードは出せない。

鉄道を使うと、一回の乗り換えがあって、ドア・ツー・ドアで三〇～四〇分。自転車のほうがちょっとだけ時間がかかる（この「ちょっとだけ」という認識が実は重要で、これくらいなら自転車で通勤するか……と思わせてくれる）。都心の交通量がぐっと減る深夜に自転車で帰宅すると、五分か一〇分は短縮できる。

私の通勤経路上には、一部歩道を走らないと交差点を渡れない「難所」も少なくない。それらが解消された上で、さらに自転車レーンが設置されれば、鉄道との時間差は限りなくゼロに近づく。出勤時刻がきっかり決まっているサラリーマンに自転車通勤を選択させるには、安心してスピードが出せる自転車レーンの拡充は大きなアピールポイントになるだろう。

車道で高速で走ることに慣れてくると、歩道に上がることがためらわれてくる。右か左か、行動が予測不能な歩行者を気にしながら歩道を走るより、自転車には車道のほうが向いているということが実感、体感できるはずだ。歩道は車道より安全だ、とサイクリストもドライバーも思いがちだが、同じ空間を共有しながら、お互いに危険を常に認識させる車道のほうが、逆説的だが、安全性は高いのだ。

車道走行と同時に、ネットワークの早急な構築という視点から、高コストで建設に時間がかかる自転車専用道よりも、車道にペイントを施すだけの自転車レーンや「ナビマーク」のほうが望ましいという合意が形成されつつある。

路面をペイントしただけでどれほどの効果があるのか？　クルマとの接触事故の危険はないのか？　という意見もいまだ散見されるが、二〇一二年八月三日に東京工業大学で開催されたセミナー「自転車通行空間の設計」（土木学会土木計画学研究委員会主催）で演壇に立った研究者たちは、ペイントやマークだけで、自転車もドライバーも自転車走行空間の認識に相当な効果があるという実証結果を次々と発表した。実施されてから年月がそれほど経っておらず、事故の危険性などのデータを取るには至っていないが、空間に制約の多い大都市においては、シンプルで安価な自転車レーンやナビマークをできるだけ多くの場所、区間に設置すべき、という意見が、すでに主流となっている。

議員や官僚は、永田町と霞《かすみ》ヶ《が》関《せき》を自転車で移動すればよい

東日本大震災の被災地で復興事業が軒並み遅れていることは、ニュースで毎日のように伝えられている通りだが、その原因のひとつに、政府がなかなか復興計画を策定できないことがある。国家としてのフレームワークがないものだから、自治体もどう対処してよいかわからず、被災者たちは定住の場所を決められない。業を煮やした人の中には、津波で

流されたかつての居所に自宅を再建する人も少なくないという（実際、私も岩手県釜石《かまいし》市で、一面流されて何もなくなったエリアに建つ真新しい一軒家を何軒も見た）。

自転車に関しても、やはり国レベルでの利用計画、活用計画がまず必要だ。

イギリスにおける自転車政策は一九九六年の「国家自転車戦略」に始まり、試行錯誤を繰り返して形を変えながら現在に至っている。現状が完成形ではないのはもちろんのこと、大きな方針転換が将来ないとも限らない。だが、政府レベルで自転車をどう位置づけるかというメッセージは非常に明瞭であり、国民の耳に届いている。

ロンドンのリビングストン元市長が渋滞税を導入したときも、相当な反発があったはずだ。跡を継いだボリス・ジョンソン市長のサイクル・スーパーハイウェイ（ＣＳ）も、ドライバーを中心に苦情や苦言がいくつも来ただろう。ＣＳが都心に向かって敷設されたことは先述したが、そのせいでかなり無理をしている箇所も多く、同じ場所で何度もサイクリストが死亡する事故が起きるなど、問題点も浮き彫りになっている。

日本全国の総合的な開発計画では、政府はこれまで「全国総合開発計画」という名称で国土のグランド・デザインを表明してきた。だが、そこには自転車に対する明確な位置づけはなく、道路や鉄道などを基軸にした大量輸送機関のみがクローズアップされている。

今後必要なのは「自転車のグランド・デザイン」だ。局所的な社会実験を全国にばらまくのではなく、全国ネットワーク、都市内ネットワークをいかにすべきかをきちんと国民に説明する必要がある。国道は国土交通省が、都道府県道は地方自治体が、農道は農林水産省が、という縦割り行政によるバラバラな規格や基準も、国家レベルのデザインの元で極力統一されるべきだ。

そのためにも、政府機能のトップにいる国会議員や官僚は、もっと日常的に自転車を利用したほうがいい。通勤が無理なら、永田町や霞ヶ関界隈《かいわい》の移動だけでもハイヤーでなく自転車にしてみたらどうか。

二〇一二年四月に日本を公式訪問したイギリスのデービッド・キャメロン首相が、お土産《みやげ》として野田総理に持って来たのはなんと自転車、それも私の愛車と同じブロンプトンだった。ユニオンジャック（英国旗）をイメージした特注の白と赤のツートンカラーで、フレームには総理の名前も刻印されていたとか。キャメロン首相もまた自転車が大好きだそうだが、これは自転車社会の構築を呼びかけるイギリスから日本への強いメッセージだと私は捉えている。

総理は、せいぜいこの自転車を官邸と国会の間の移動にでも使っていただきたいものだ。警護するSPも同じブロンプトンでそろえて永田町を走り回る、そんな光景を想像するだけで、ワクワクする。

歩行者は「低速帯」、自転車は「中速帯」、クルマは「高速帯」

日本では、ドライバーの歩行者優先意識はかなり高い。右左折時、横断歩道上に歩行者がいれば、きちんとその前で停止する。歩行者のほうが車の通り過ぎるのを待つのが常識という国も少なくない中で、日本のドライバーの優先度意識は高い評価を与えられてよいと思う。であれば、現在のクルマと歩行者の立ち位置の間に自転車を挿入して、歩行者、自転車、クルマと優先度が高い順に並べることはさほど難しくないはずだ。

「自転車は車両」といっても、クルマと同列であるわけではない。自転車はクルマほどスピーディーに動けないし、パワーもない。だから、異質な者どうしが「ダイバーシティ」を認め合い、同じスペースを「シェア」できるかどうか、いや、シェアしていかなくてはならないという意識が必要だ。

茨城大学の金利昭《きんとしあき》准教授は、電動アシスト自転車や電動原付自転車など、従来はなかった乗り物の出現を受けて、道路を「低速帯」「中速帯」「高速帯」の三つに区分すべしと提案している。低速帯は時速五キロ程度までの歩行者や車椅子を、中速帯は時速一〇～二〇キロ程度までの自転車と電動原付を、高速帯はそれ以上のスピードが出せるクルマを想定。自由な動きを求められる低速帯ではマナーを重視し、通過機能が第一の高速帯では厳格な法律の適用を求めている。

自転車はこの「中速帯」に位置することになるわけだが、たしかに、クルマと同等のルールを課されるのは当然といえども、気になるお店が見えたのでちょっとペダルを止めてみた、ということまで禁止されるのではたまったものではない。金氏の言うように、「安全第一」であっても、第二や第三の目的がなければ、自転車に乗ることから得られるはずの社会のルールや市民としての自覚も削《そ》がれてしまう。

自転車側の意識改革

対歩行者においては、今度は自転車の側の意識改革が求められる。自転車は歩行者の延長ではなく、あくまで車両であるから車道を走るのは大前提。さらに、クルマに準じた責任を課せられることを意識し、「自転車保険」への加入も必要になろう。

序章で書いたように、昨今、自転車加害者への高額賠償請求が散見されるようになった。これは、運転者が大人でも子供でも変わらない。自転車にはクルマのような自賠責保険はないから、任意保険に加入することで「いざ」に備えたい。

私自身は、自宅で食材宅配を依頼している生協が扱っている「個人賠償責任保険」に加入しており、自転車乗車中か否かを問わず、相手に怪我を負わせたり死亡させたりした場合は最高で一億円が支払われる。保険料は月額一七〇円と格安だが、同じ生協で加入している医療保険の特約なので、単独で入ることはできない。

それ以前には、クレジットカード会社が扱う同様の内容の保険に入っていたが、どちらも自転車保険だけで加入できないのがネック。その点、コンビニエンスストアのセブン・イレブンが数年前から扱い出している「自転車向け保険」なら、月額四〇〇円程度の保険料で同様の内容が保障され、それだけに加入することが可能だ。家族がセットで加入できるプランもあるので、子供が自転車に乗り出したら、こういう保険も検討しなければならない。そういう時代になりつつある。

自転車社会を構築する意思があるか否か

多くの東京都民と同じように、私も日常的に自転車を利用している。事務所までの往復にはクロスバイク、子供の保育園への送迎にはママチャリ、休日の輪行には折りたたみと、自転車に乗らない日はない、と言っても過言ではない。

東京、そして時にはほかの道府県の道を走り、また年に一、二回のイギリス取材を通して感じるのは、自転車社会を構築する意思があるか否かである。

特に二〇一二年夏の渡英では、自分でも感心するくらいロンドンを自転車で走り回った。話題のCSにしても、そのほかの自転車レーンや自転車道にしても、画期的な設備や施設ではないのに、ストレスが少ない。路面状態も結構ボコボコで、東京のほうがましではないかとも思えたのだが、渡れない交差点や、車道と歩道を交互に走らなくてはならないようなポイントがまったくない。まっすぐに走るだけで、自然と目的地に到達してしまう。

多少誇張して言えば、遊園地のゴーカートのごとく、コースに沿って進むだけなのだ。

もちろん、問題がまったくないわけではない。前述したサイクリストの死亡事故も含め、イギリスも、またロンドンも、苦悩と試行錯誤が続いている。ＣＳがさらに延伸され、自転車利用者が増加すれば、新たな問題も浮上してくるだろう。

たとえそうであっても、走行環境の整備を続け、自転車社会をさらに醸成していかなくてはならない。イギリスではそういう固い意思がサイクリストを強くサポートしている。

果たして日本は、自転車のグランド・デザインをどう描いていくのであろうか。

おわりに

二〇一二年春、大阪に住む友人の娘さんが交通事故で命を落とした。右折してきたクルマは、歩行中の児童の列に突っ込んできたという。享年六歳、ドライバーの前方不注意がおもな要因だということだが、「不注意」ごときで未来を奪われた女の子、そして家族の哀しみを思うと、やるせなさと居たたまれなさが同時に襲ってくる。

この事件の直前には、京都府亀岡市で、やはり児童の列にクルマが突っ込み、子供一人と付き添いの保護者、そしてその保護者（母親）のお腹に宿っていた胎児までもが犠牲になった。加害者はなんと無免許だったにもかかわらず、交通犯罪でもっとも重い刑のひとつ「危険運転致死罪」が適用されなかったこともあり、大きな話題になったことを記憶している方も少なくないのではないだろうか。

これらの事故は、自転車とは直接関係ないように思える。だが日本では、移動スピード

【表】主な欧米諸国の状態別交通事故死者数の構成率（2010年）

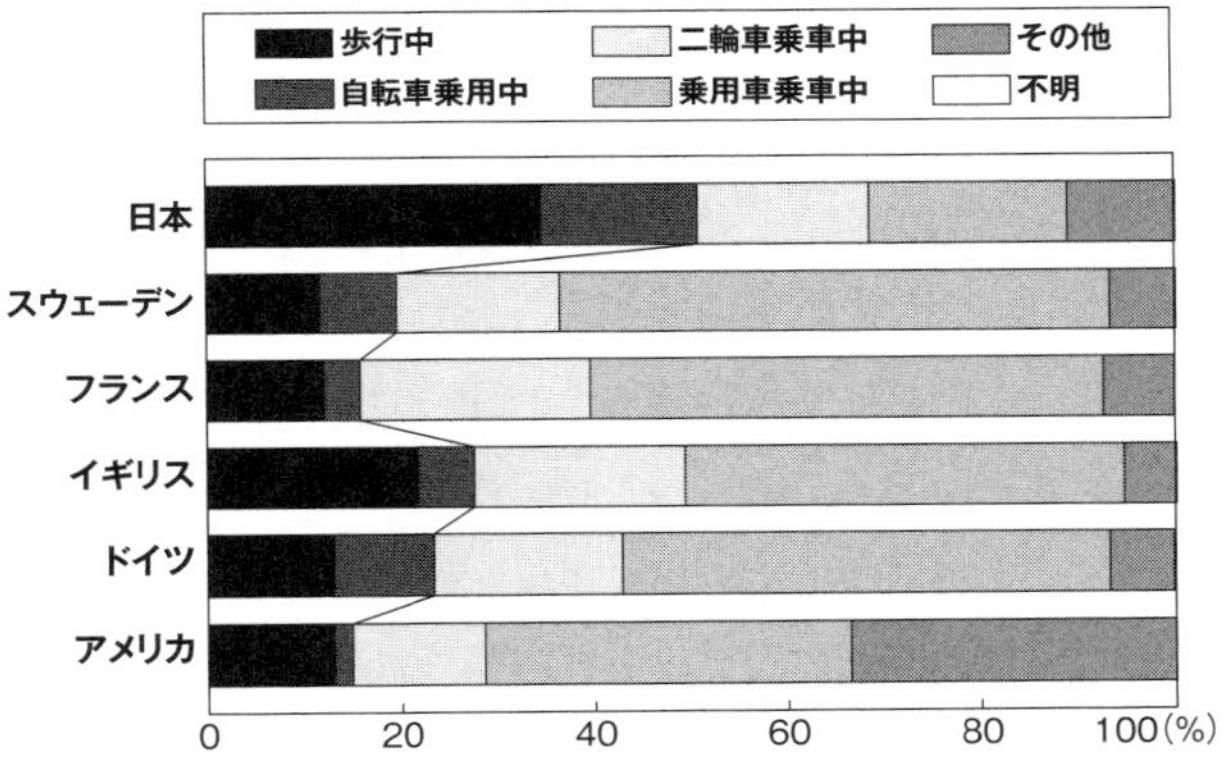

注：1）国際道路交通事故データベース（IRTAD）による
2）数値は状態別構成率
3）死者数の定義は事故発生後30日以内の死者である

『交通安全白書』（内閣府、2012）

の遅い歩行者や自転車ほど生命の危険に晒《さら》されているというショッキングなデータがある。

内閣府の『交通安全白書』（平成二四年版）によると、二〇一〇年、日本では死亡者全体の三四・六パーセントが歩行者、一六・二パーセントが自転車であり、実に全体の半分が歩行中、または自転車乗車中に命を落としている。一方、この中の資料で比較されているスウェーデン、フランス、イギリス、ドイツ、アメリカの欧米先進国においては、歩行者と自転車の合計は三〇パーセント未満。ほとんどはクルマ乗車中に死亡している。

先の資料で紹介したイギリスは、歩行者と自転車の犠牲者の比率が日本に次ぐワースト二位なのだが、それでも全体の二七・六パーセント。実数でみると、イギリスでは歩行中の死者が四一五人なのに対して日本はその約五倍弱の一九八七人、自転車はイギリスが一一一人であるのに、日本はなんと約九倍弱の九二九人。人口や自転車の保有台数や利用のされ方が異なるので単純な比較はできないが、それでも、日本でいかに歩行者や自転車が保護されていないかを説明するには十分なデータである。

危険だからクルマから「隔離」しましょう、という発想で生まれたのが自転車の歩道走行容認であり、歩道橋や地下道であった。しかし、それらのインフラが交通事故の抑制に寄与したのだろうか？

ガードレールにしてもしかり。海外にはガードレールのある歩道は日本ほど多くない。歩行者（自転車）を隔離さえすれば、クルマはこれまで通りのスピードで走っていいですよ、という発想が根底に見える。こういう考え方を、「自活研」の小林氏（前出）は「クルマ脳」と表現していたが、クルマ脳はドライバーの側よりも、むしろ歩行者や自転車の

バンプのある生活道路（ロンドン郊外）

側に強くみられることもある。

事実、私の息子が通う小学校のＰＴＡでも、子供の安全を確保するためにガードレールの設置を自治体に要請しましょう、というような意見が時々出る。もちろん、ないよりはあったほうが安全だろうが、事故の確率が高くなる交差点にはガードレールを付けられない。それよりも、小学校があるような住宅地では、クルマのスピードを抑制する規制や装置を導入すべきである。

日本では現在、「ゾーン三〇」という速度規制を各地で実施しようとしている。住宅地などにある生活道路の制限速度を三〇キロに設定することで安全をはかろうという目論みだ。ヨーロッパでは、幹線道路は一般道でも制限速度が一〇〇キロくらいの区間があるが、生活道路に入ると、三〇キロ程度にまで落とされる国も少なくない。

だが、制限速度が守られているかどうかを警察官がくまなくチェックするのはとても無理だ。そこで、クルマの速度を強制的に落とす「コミュニティ道路」や「バンプ」の設置が本来は理想である。コミュニティ道路は、道をクランク状にしてスピードを上げさせないようにするもの。バンプは路面上に凹凸を付けることで減速させる方法だ。私が取材に訪れたロンドンでは、生活道路の所々にバンプが見られた。

このバンプ、前出の小林氏によると、「クルマの腹を擦《こす》った!」というクレームを恐れて日本の自治体や警察は導入に躊躇しているという。クルマの傷と人間の生命とどちらを優先すべきか、私たちは改めて考えなくてはならない。

この本を書くに当たっては、さまざまな方々からご協力をいただいた。ひとりひとりに謝辞を書き連ねる紙幅はないが、この場を借りて御礼申し上げたい。

主な参考文献

英国環境・交通・地域省『英国における新交通政策』運輸省運輸政策局監訳、運輸政策研究機構、一九九九年
片野優『ここが違う、ヨーロッパの交通政策』白水社、二〇一一年
加藤美栄「ロンドン市内にみる自転車利用活用施策―バークレイズ・サイクル・ハイヤーを事例に」『運輸と経済』第七〇巻第一二号、運輸調査局、二〇一〇年
岸田孝弥「ドライバー・ライダーから見た自転車」『JAMAGAZINE』五月号、日本自動車工業会、二〇〇一年
木原研三編『コンサイス英和辞典　第一三版』三省堂、二〇〇一年
金利昭「自転車利用空間とコンパティビリティ」『交通工学』第二号、通巻四三号、社団法人交通工学研究会、二〇〇八年
古倉宗治『成功する自転車まちづくり―政策と計画のポイント』学芸出版社、二〇一〇年
佐滝剛弘『それでも、自転車に乗りますか?』祥伝社新書、二〇一一年
清水一嘉『自転車に乗る漱石　百年前のロンドン』朝日新聞社、二〇〇一年
諏訪嵩人「自転車共同利用システムの計画手法に関する基礎的研究―貸出・返却需要に対応した供給規模の検討」東京大学大学院工学系研究科都市工学専攻修士論文、二〇一〇年
新村出編『広辞苑　第六版』岩波書店、二〇〇八年

堀淳一『地図の科学―よい地図・わるい地図』講談社、一九九〇年
疋田智『自転車の安全鉄則』朝日新書、二〇〇八年
疋田智、小林成基『自転車で安全に走るためのガイドブック　自転車はここを走る！』枻出版社、二〇一二年
J・プーカー、C・ルフェーブル『都市交通の危機―ヨーロッパと北アメリカ』木谷直俊他訳、白桃書房、一九九九年
福間みゆき「発生しうるリスクを意識した管理が必要！　従業員の『自転車通勤』をめぐる問題点と社内規程・書式の作成例」『ビジネスガイド』一〇月号、日本法令、二〇〇九年
毎日新聞社「銀輪の死角」シリーズ
森口将之『富山から拡がる交通革命―ライトレールから北陸新幹線開業にむけて』交通新聞社新書、二〇一一年
吉田伸一「自転車事故の現状と、「事故に遭わない・起こさない」自転車の乗り方」『人と車』五月号、全日本交通安全協会、二〇〇九年
留守洋平「自転車通勤の推進に関する基礎的研究―自動車から自転車への手段転換へ着目して」東京大学大学院工学系研究科都市工学専攻修士論文、二〇〇四年
輪行@ウィキ　http://www21.atwiki.jp/rin-kou/（最終閲覧日・二〇一二年一一月九日）
亘理章「人はなぜ移動するのか―自転車を都市にインストールするために」『土木学会誌』一〇月号、社団法人土木学会、二〇一〇年

Department for Transport, Local Sustainable Transport Fund-Successful bids and guidance on the application process, Department for Transport, 2011

Sustrans (2010), Annual Review 2010

Transport for London　http://www.tfl.gov.uk/（最終閲覧日・二〇一二年一一月九日）

＊本文中の役職、金額等は取材当時

図版作成／テラエンジン

秋山岳志（あきやま　たけし）

一九六三年生まれ。フリーライター。早稲田大学商学部卒業。英国ブラッドフォード大学大学院修了。水路、鉄道、自転車など「交通と社会」をテーマに取材・執筆活動を行なう。著書に『機関車トーマスと英国鉄道遺産』（集英社新書）、『英国運河の旅』（彩流社）、『英国「乗物遺産」探訪』（千早書房）など。

自転車《じてんしゃ》が街《まち》を変《か》える

集英社新書〇六七〇B

二〇一二年一二月一九日　第一刷発行

著者……秋山岳志《あきやまたけし》

発行者……加藤　潤

発行所……株式会社集英社

東京都千代田区一ツ橋二-五-一〇　郵便番号一〇一-八〇五〇

電話　〇三-三二三〇-六三九一（編集部）
〇三-三二三〇-六三九三（販売部）
〇三-三二三〇-六〇八〇（読者係）

装幀……原　研哉

印刷所……凸版印刷株式会社

製本所……株式会社ブックアート

定価はカバーに表示してあります。

ISBN 978-4-08-720670-8 C0265

Printed in Japan

a pilot of wisdom

集英社新書　好評既刊

世界文学を継ぐ者たち
早川敦子　0659-F
旧植民地からの声やホロコーストの沈黙から芽吹いた言葉。注目の五人を最先端の翻訳理論とともに紹介。

錯覚学――知覚の謎を解く
一川　誠　0660-G
なぜ無いものが見えるのか？　なぜ有るものを見落とすのか？　実験心理学から錯覚の不思議を論じる。

あの日からの建築
伊東豊雄　0661-F
震災以降、被災各地で「みんなの家」を建設している著者。心のよりどころとなる建築は可能なのか？

「独裁」入門
香山リカ　0662-B
苛立ちに満ちた「民意」をすくい取る独裁型ヒーローたち。気鋭の精神科医がその誕生に警鐘を鳴らす！

災害と子どものこころ
清水將之／柳田邦男／井出　浩／田中　究　0663-I
数々の災害現場を経験してきた児童精神科医を中心に、子どものメンタルヘルス支援の現状と対策を示す。

メリットの法則　行動分析学・実践編
奥田健次　0664-E
「なぜその行動をとるのか」、その答えを、個人を取り巻く外部環境に求める行動分析学。最新知見を披露する。

吉永小百合、オックスフォード大学で原爆詩を読む
早川敦子　0665-B
吉永小百合が原爆詩と関わった四半世紀の道のりを紹介しつつ、朗読会の一部始終を描いたドキュメント。

原発ゼロ社会へ！　新エネルギー論
広瀬　隆　0666-B
電気は買う時代から自分でつくる時代へ。「原発がなくても電力が足りる」真の理由を最新知見から解説する。

闘う区長
保坂展人　0667-A
3・11後、脱原発を訴え、世田谷区長に当選した著者。地方自治の現場からの、日本社会を変える提言。

エリート×アウトロー　世直し対談
堀田　力／玄　秀盛　0668-B
霞ヶ関の元検事と、歌舞伎町の「日本駆け込み寺」の代表がホンネで語り合った、閉塞日本への処方箋。

既刊情報の詳細は集英社新書のホームページへ
http://shinsho.shueisha.co.jp/